조선시대의 토지대장,
양안

조선시대의 토지대장,
양안

초판 1쇄 인쇄 2024년 11월 18일
초판 1쇄 발행 2024년 12월 2일

—

기 획 한국국학진흥원
지은이 이민우
펴낸이 이방원

책임편집 이희도   **책임디자인** 박혜옥
마케팅 최성수 · 김 준   **경영지원** 이병은

—

펴낸곳 세창출판사
  신고번호 제1990-000013호   주소 03736 서울특별시 서대문구 경기대로 58 경기빌딩 602호
  전화 02-723-8660 팩스 02-720-4579 **이메일** edit@sechangpub.co.kr   **홈페이지** http://www.sechangpub.co.kr
  블로그 blog.naver.com/scpc1992 **페이스북** fb.me/Sechangofficial **인스타그램** @sechang_official

—

ISBN 979-11-6684-370-9 94910
  979-11-6684-164-4 (세트)

한국국학진흥원 전통생활사총서 27

조선시대의 토지대장, 양안

이민우 지음
한국국학진흥원 기획

세창출판사

　　한국국학진흥원에서는 2022년부터 문화체육관광부의 지원으로 전통생활사총서 사업을 기획하였다. 매년 생활사 전문 연구진 20명을 섭외하여 총서를 간행하기로 했다. 지난해에 20종의 총서를 처음으로 선보였다. 전통시대의 생활문화를 대중에 널리 알리기 위한 여정은 계속되어 올해도 20권의 총서를 발간하였다.

　　한국국학진흥원은 국내에서 가장 많은 약 65만 점에 이르는 민간기록물을 소장하고 있는 기관이다. 대표적인 민간기록물로 일기와 고문서가 있다. 일기는 당시 사람들의 일상을 세밀하게 이해할 수 있는 생활사의 핵심 자료이고, 고문서는 당시 사람들의 경제 활동이나 공동체 운영 등 사회경제상을 이해할 수 있는 자료이다.

　　한국의 역사는 '조선왕조실록'이나 '승정원일기'와 같이 세계적으로 자랑할 만한 국가기록물의 존재로 인해 중앙을 중심으로 이해되어 왔다. 반면 민간의 일상생활에 대한 이해나 연구는 관심을 덜 받았다. 다행히 한국국학진흥원은 일찍부터 민간에 소장되어 소실 위기에 처한 자료들을 수집하고 보존처리를 통해 관리해 왔다. 또한 이들 자료를 번역하고 연구하여 대중에 공개했다. 이러한 민간기록물을 활용하고 일반에 기여할 수 있는 방법으로 '전통시대 생활상'을 대중서로 집필하여 생생하게 재현하여 전달하고자 했다. 일반인이 쉽게 읽을 수 있는 교양학술총서를 간행한 이유이다.

총서 간행을 위해 일찍부터 생활사의 세부 주제를 발굴하는 전문가 자문회의를 개최하고, 전통시대 한국의 생활문화를 가장 잘 구현할 수 있는 핵심 키워드를 선정하였다. 전통생활사 분류는 인간의 생활을 규정하는 기본 분류인 정치, 경제, 사회, 문화로 지정하였다. 이를 기반으로 매년 각 분야에서 핵심적인 키워드를 선정하여 집필 주제를 정했다. 이번 총서의 키워드는 정치는 '과거 준비와 풍광', 경제는 '국가경제와 민생', 사회는 '소외된 사람들의 삶', 문화는 '교육과 전승'이다.

각 분야마다 5명의 집필진을 해당 어젠다의 전공자로 구성하였다. 어디서나 간단히 들고 다니며 쉽게 읽을 수 있도록 최대한 이야기체 형식으로 서술해 달라고 부탁하였다. 다양한 사례의 풍부한 제시와 전문연구자의 시각이 담겨 있어 전문성도 담보할 수 있는 것이 본 총서의 매력이다.

전문적인 서술로 대중을 만족시키기는 매우 어렵다. 원고

의뢰 이후 5월과 8월에는 각 분야의 전공자를 토론자로 초청하여 2차례의 포럼을 진행하였다. 11월에는 완성된 초고를 바탕으로 1박 2일에 걸친 대규모 학술대회를 개최하였다. 포럼과 학술대회를 바탕으로 원고의 방향과 내용을 점검하는 시간을 가졌다. 원고 수합 이후에는 각 책마다 전문가 3인의 심사의견을 받았다. 2024년에는 출판사를 선정하여 수차례의 교정과 교열을 진행했다. 책이 나오기까지 꼬박 2년의 기간이었다. 짧다면 짧은 기간이다. 그러나 2년의 응축된 시간 동안 꾸준히 검토 과정을 거쳤고, 토론과 교정을 통해 원고의 완성도를 높이기 위해 분주히 노력했다.

전통생활사총서는 국내에서 간행하는 생활사총서로는 가장 방대한 규모이다. 국내에서 전통생활사를 연구하는 학자 대부분을 포함하였다. 2023년도 한 해의 관계자만 연인원 132명에 달하는 명실공히 국내 최대 규모의 생활사 프로젝트이다.

1990년대 이후 폭발적으로 증가했던 일상생활사와 미시사 연구에 대한 학계의 관심이 근래에는 소홀해진 상황이다. 본 총서의 발간이 생활사 연구에 활력을 불어넣는 계기가 되기를 기대한다. 연구의 활성화는 연구자의 양적 증가로 이어지고, 연구의 질적 향상 또한 이끌 것이다. 그렇게 된다면 전통문화에 대한 대중들의 관심 역시 증가할 것으로 기대한다.

본 총서는 한국국학진흥원의 연구 역량을 집적하고 이를 대중에게 소개하기 위해 기획된 대표적인 사업의 하나이다. 참여한 연구자의 대다수가 전통시대 전공자이며 앞으로 수년간 지속적인 간행을 준비하고 있다. 올해에도 20명의 새로운 집필자가 각 어젠다를 중심으로 집필에 들어갔고, 내년에 또 20권의 책이 간행될 예정이다. 앞으로 계획된 총서만 100권에 달하며, 여건이 허락되는 한 지속할 예정이다.

대규모 생활사총서 사업을 지원해 준 문화체육관광부에 감사하며, 본 기획이 가능하게 된 것은 한국국학진흥원에 자료를 기탁해 준 분들 덕분이다. 다시 감사드린다. 아울러 총서 간행에 참여한 집필자, 토론자, 자문위원 등 연구자분들께도 감사인사를 전한다. 책의 편집을 책임진 세창출판사에도 감사드린다. 이 모든 과정은 한국국학진흥원 여러 구성원의 노력이 있었기에 가능했다.

2024년 11월
한국국학진흥원 인문융합본부

차례

1

양안이란?

1634년(인조 12) 겨울, 경상도 예안(현재 경상북도 안동시 와룡면)에 거주하던 김령金坽(1577-1641)은 매우 심기가 불편한 나날을 보내고 있었다. 이해 9월에 양전量田이 시작되면서 토지 측량과 실무자에 대한 접대 등으로 마을이 분주하고 소란스러웠던 것이다. 세금에 막대한 영향을 끼치는 양전이 실제 진행되는 양상이 탐탁스럽지도 않았다. 김령은 이를 바라보는 심경을 자신의 일기에 다음과 같이 적었다.

　　근래에 양전하는 일 때문에 날마다 시끄럽고 소란스러워 사람들은 모두 거기에 골몰했고, 나이가 어린 학동들 또한 여가가 없었다. 대개 전답의 형태와 치수가 눈

깜빡할 사이에 바뀌어 오류가 발생하게 되고, 서원書員이 기록할 때는 더욱 문란해지고 잘못되기가 쉽기 때문이었다. 참으로 요역徭役이 매우 번거로워서 1부負의 차이라도 해가 되는 것은 가볍지가 않으니, 백성들의 궁함이 근심된다고 이를 만하다.

- 『계암일록』 1634년 11월 24일

양전사量田使 신득연申得淵이 내일 안동에서 우리 현에 온다고 한다. 전답 사이에 방향을 표시하는 것과 찌를 세우는 일 등으로 흉흉하고 어수선한 것이 그치지 않았다. 게다가 또 경계에서 맞이하고, 솥을 차리는 것과 역졸驛卒에게 음식을 제공하는 것 등을 모두 민간에서 내게 했으므로, 소란스러운 것이 더욱 심했다.

- 『계암일록』 1634년 11월 27일

오후에 예천 수령 홍진문洪振文이 안동에서 우리 마을에 이르렀다. 아침에 시내를 거슬러 올라 제천댁의 목화밭을 양전하고, 또 광술光述의 집터를 양전했다. 그리고 또 탁청정으로 내려와 밥을 먹은 뒤에 현 앞의 들녘과 현내縣內를 양전했는데, 이미 날이 저문 뒤에는 횃

불을 들고 측량을 하기까지 했으니, 너무 심하다고 이를 만하다. 차사원差使員이라는 직책은 관례에 따라 한두 차례 측량을 시행하는 데 불과할 뿐인 것이다. 그런데 홍진문은 예안 수령에게 노한 것 때문에 반드시 사단을 일으켜서 백성들에게 대신 분풀이를 하려고 했다. 마을 사이를 헤집고 다니면서 사족士族의 거처까지도 측량하고, 또 불을 밝히고 양전하기까지 했으니, 이것은 무슨 행동인가.

- 『계암일록』 1635년 1월 13일

위의 기록을 남긴 김령은 현대인들에게 널리 알려진 인물은 아니다. 그렇지만 그는 당시 예안 지역에서 가장 중요한 문중이던 광산김씨 예안파를 대표했으며, 전국적으로도 "영남嶺南의 제1인"이라는 세간의 평가를 받던 비중 있는 인물이었다(『인조실록』 인조 11년 1월 9일). 이러한 김령이 매우 깊은 관심과 우려 속에서 지켜보던 상황은 바로 1634년(인조 12)에 실시된 이른바 "갑술양전甲戌量田"이었다.

양전은 문자 그대로 "토지(田)를 측량한다(量)"는 의미이다. 농업이 경제와 사회, 국가운영에서 차지하는 비중이 매우 컸던 조선시대에는 국가가 세금을 부과하기 위한 기준을 마련하는 데에 농경지로 이용하는 토지에 대한 파악이 절대적으로 중요했다. 양전이란 국가가 세금 부과를 위해 토지를 측량하는 사업을 가리키는 말이다. 양전을 통해 파악한 내역을 기록한 장부를 "양안量案"이라고 했다. 토지세를 비롯한 여러 세금들이 양안을 기준으로 부과되었다. 따라서 양전 사업과 그 결과물인 양안은 조선시대 국가와 개인 모두에게 초미의 관심사일 수밖에 없었다.

원칙적으로는 20년마다 양전을 실시하도록 법전에 규정되어 있었지만, 이러한 원칙은 조선시대 내내 여러 가지 사정으로 엄격하게 지켜지지는 않았다. 김령의 일기에 등장하는 갑술양전은 임진왜란 직후 실시했던 계묘양전(1601-1604) 이후 30년 정도가 지나 다시 실시된 것으로, 전쟁 이후 점차 복구되던 국가 경제를 정확히 파악하기 위해 상대적으로 짧은 시기 만에 양전이 시행된 사례이다. 1634년 갑술양전 이후 중앙정부가 전국적 규모로 실시한 양전은 숙종대 시행된 경자양전(1720), 대한제국 시기에 실시한 광무양전(1898-1904) 등 약 100년 혹은 그 이상의 오랜 간격을 두고 나타났다. 국가 주도의 양전은 김령을 포함한 당대인들에게도 매우 특별한 이벤트였던 셈이니 큰 관심이 쏟아졌던 것도 당연한 일이었다.

양전이 진행되는 것을 지켜보던 김령의 우려는 실제 사실로 드러난다. 양전의 결과로 예안의 토지 규모가 이전에 비해 200여

결이 넘게 증가한 것이다(『계암일록』 1635년 2월 5일). 김령의 일기에 따르면 예안 지역의 과세 대상 토지 규모는 원래 약 560결 수준이었다고 한다(『계암일록』 1629년 5월 7일). 김령의 말이 사실이라면, 1634년의 양전을 통해 예안 지역이 부담해야 할 세금이 산술적으로 30% 이상 증가하게 된 것이다. 앞의 기록에서 그는 1결의 1/100인 1부 차이라도 백성들에게 부담이 가볍지 않다고 했는데, 무려 1부의 2만 배인 200결이 한 번에 증가했으니 엄청난 충격이 아닐 수 없었다.

김령은 양전사로 파견되어 온 신득연의 부정과 비리, 이를 묵인하고 눈치 보기에 급급한 예안 현감 남연의 무능, 이 사이에서 벌어지는 아전들의 농간 등으로 이러한 사태가 벌어졌다고 생각했다. 국가와 백성, 모두에게 엄청나게 중요한 양전이 제멋대로 이루어지는 데 대해 김령은 혹독한 비판을 기록으로 남겼다.

신득연이 안동에 머문 지 지금 벌써 5개월이 되었다. 관기官妓 곳생(㖨生)에게 미혹되었으니, 각 읍 전안田案 이 사단이 생기는 여부가 관기의 손에 달려 있게 되어 뇌물이 폭주했는데, 이 때문에 관기가 이익을 취하는 것이 끝이 없었다. 그리고 문서를 감독하고 점검하는 것은 오직 아전의 말을 그대로 들으니, 아전 무리가 제 멋대로 농간하여 뇌물을 받은 것이 산더미 같아서, 그 수를 헤아릴 수 없을 정도였다.

이때 각 읍의 도감都監과 서원書員이 모두 안동에 모여서 각자 그들이 마감한 전안을 점검했다. 수령들도 모두 왔는데, 가득 차 북적이는 것이 매우 번잡했고, 불러주고 교정하는 소리가 주야로 끊이질 않았다. 신득연은 날마다 끗생과 더불어 쌍륙雙六을 하고 놀았다. 끗생을 속신贖身시켜 데려가려 했고, 그리고 때때로 찌를 뽑아 점검하여 잘못이 드러나면 형장刑杖을 매우 혹독하게 쳤다. 대개 기녀에게 과시를 하고, 또 한편으로는 기녀에게 많은 뇌물을 주게 하려는 것 때문이었다.

양전이 얼마나 중요한 일인데 멋대로 방자하고 거리낌이 없는 것이 이같이 심한 데 이르렀는가. 모든 일이 이와 같이 전혀 기강이 없으니, 하물며 나랏일을 할 수 있겠는가.

- 『계암일록』 1635년 5월 18일

김령은 양전사 신득연이 기생에게 정신이 팔려 업무를 제대로 감독하지 않았을 뿐만 아니라 양전에서 조금이라도 이득을 얻으려는 사람들이 기생에게 뇌물을 바치는 것을 방조하고 오히려 부추기고 있다고 비난했다. 양전에 문제가 생기지 않을 수 없었다고 본 것이다. 물론 당시 양전의 실상이 어떠했는지를 평가하는 데에 김령 개인의 생각이 담긴 기록을 100% 완전한 사실이라고 곧이곧대로 믿을 필요도 없다. 여기에서는 17세기 중엽의 조선인들에게 국가가 실시하는 양전 사업이 얼마나 막대한 영향을 끼치는 일이었는지를 이해하는 것으로 충분하다.

현대사회에서 국가와 개인에게 세금이 얼마나 중요한 문제인지는 굳이 설명이 필요하지 않다. 대한민국에서 세금의 부과와 징수 전반을 책임지는 국세청에서 운영하는 조세박물관 홈페이지를 살펴보면, "세금이란 무엇인가?"에 대해 다음과 같은 설명을 제공한다. 세금은 나라가 주는 많은 혜택을 누리기 위한

그림 1 "세금이란?", ⓒ 국립조세박물관

"문명사회에 사는 대가"이며, 나라 살림에 필요한 공동 경비이므로 국민이라면 누구나 나누어 내야 하는 "시민권의 연회비"라는 것이다.

　납세는 헌법에 규정된 국민의 의무이다. 대한민국 헌법 제 38조는 "모든 국민은 법률이 정하는 바에 의하여 납세의 의무를 진다"라고 규정한다. 납세는 모든 국민의 의무이지만, 당연하게도 모든 국민이 똑같은 세금을 똑같은 액수로 납부하지 않는다. 어떠한 유형의 세금을 어떠한 세원에 대해 어떠한 기준으로 얼마만큼 부과하는가는 경제와 사회의 구조, 국가 운영의 이념과 방향에 따라 다양한 양상으로 나타날 수 있다. 어떠한 유형의 세금을 어떠한 세원에 대해 어떠한 기준으로 얼마만큼 부과할지는 "법률로 정하는 바"인 것이다.

　조세는 "국가 또는 지방자치단체가 재정수입을 조달할 목적으로 법률에 규정된 과세요건을 충족한 모든 자에게 직접적인 반대급부 없이 국민에게 부과·징수하는 금전급부"라고 정의한다. 현재 대한민국은 모두 14개의 국세와 11개의 지방세로 이루어진 조세체계를 갖추고 있다. 이러한 세금의 종류와 과세 대상, 세율 등은 법률에 따라 정해진다. 사회의 변화에 따라 새로운 세금이 생겨나기도 하고, 과거에 부과되었던 세금이 폐지되기도 한다. 과세요건과 세율 등은 수시로 조정된다.

1974년에 부과되기 시작하여 2001년에 폐지된 "전화세" 사례를 살펴보자. 매우 생소하게 들릴 수 있는 전화세는 전화 사용에 대하여 부과하는 소비세로서 1974년부터 시행되었으며 전화 사용료의 1/10 세율을 적용하다가 2001년에 이르러 폐지되었다. 1970년대 초중반에는 전화를 설치하여 사용하는 사람이 드물고 비교적 고소득층에 속했다고 할 수 있었기 때문에 세입의 확보를 위해 전화세가 도입되었다. 그러나 시간이 지나고 통신 환경이 변화하면서 "최근 복합기능을 가진 다양한 형태의 통신서비스가 출현함에 따라 … 전화세법의 운용에 많은 문제점이 있어" 2001년에 이르러 폐지되었다.

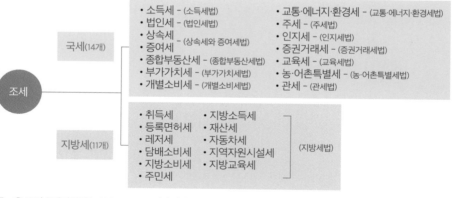

조세

국세(14개)
- 소득세 - (소득세법)
- 법인세 - (법인세법)
- 상속세
- 증여세 - (상속세와 증여세법)
- 종합부동산세 - (종합부동산세법)
- 부가가치세 - (부가가치세법)
- 개별소비세 - (개별소비세법)
- 교통·에너지·환경세 - (교통·에너지·환경세법)
- 주세 - (주세법)
- 인지세 - (인지세법)
- 증권거래세 - (증권거래세법)
- 교육세 - (교육세법)
- 농·어촌특별세 - (농·어촌특별세법)
- 관세 - (관세법)

지방세(11개)
- 취득세
- 등록면허세
- 레저세
- 담배소비세
- 지방소비세
- 주민세
- 지방소득세
- 재산세
- 자동차세
- 지역자원시설세
- 지방교육세
(지방세법)

주 - ① 토지초과이득세는 1998. 12. 28. 자산재평가는 2000. 12. 31. 전화세는 2001. 9. 1. 폐지
② 2001. 1월부터 지방세분 교육세(국가)가 지방교육세(지방세)로 전환
③ 2005. 1. 1. 종합토지세 폐지. 2007. 7. 19.부당이득세 폐지
④ 2010. 1. 1. 사업소세·농업소득세 폐지, 지방소비세, 지방소득세 신설

그림 2 우리나라의 현행 조세 종류, ⓒ 기획재정부, 2018

앞서 살펴본 바와 같이 조선시대에도 현대사회와 마찬가지로 세금은 국가와 개인에게 엄청나게 중요한 사안이었다. 조선시대 국가는 경제와 사회 구조에 대한 이해, 국가 재정 운영의 이념과 방향에 대한 구상을 토대로 조세체계를 구성했으며, 과세 대상과 요건 및 과세 기준과 세율을 법으로 규정했다. 여기에서 조선시대 조세체계 전체를 설명할 수는 없지만, 독자들 모두가 충분히 예상하는 바와 같이 조선시대의 가장 중요한 세원은 토지와 인구의 두 가지였다. 국가는 토지와 인구를 정확히 파악하고 공정한 기준에 따라 세금을 부과하기 위해 많은 노력을 기울였다.

인구를 조사하여 기록한 장부가 "호적"이며, 토지를 조사하여 기록한 장부가 바로 "양안"이다. 위쪽의 그림이 조선시대 호적이고, 아래쪽이 양안이다. 호적은 1708년(숙종 34)에 작성한 대구 지역의 호적(『숙종삼십사년무자대구장적』)이며, 양안은 1722년(경종 2)에 작성한 경상도 창원 지역의 용동궁 전답에 대한 양안(『경상도창원부소재용동궁전답경자양안』)이다. 양안은 20년에 한 번 작성한다는 원칙이 거의 지켜지지 않았으나, 호적은 3년마다 작성한다는 원칙이 잘 지켜졌다. 비록 내용을 꼼꼼하게 살펴보지 않더라도 그림을 통해 두 문서 모두 일반적인 문서나 책자와 달리 특별한 양식에 따라 작성했음을 확인할 수 있다.

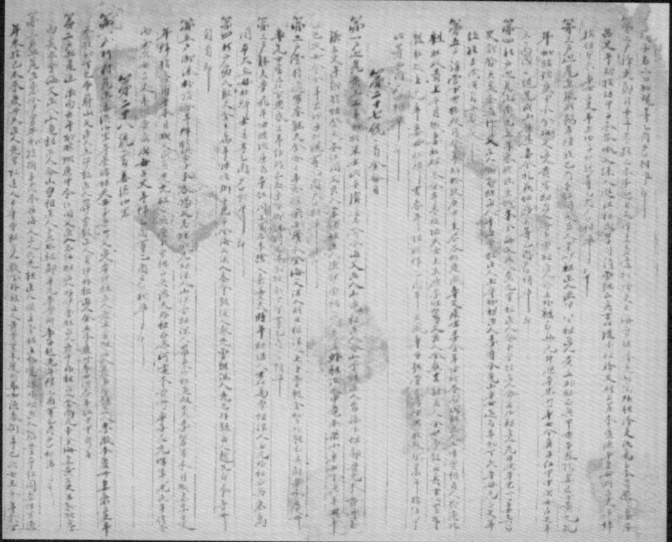

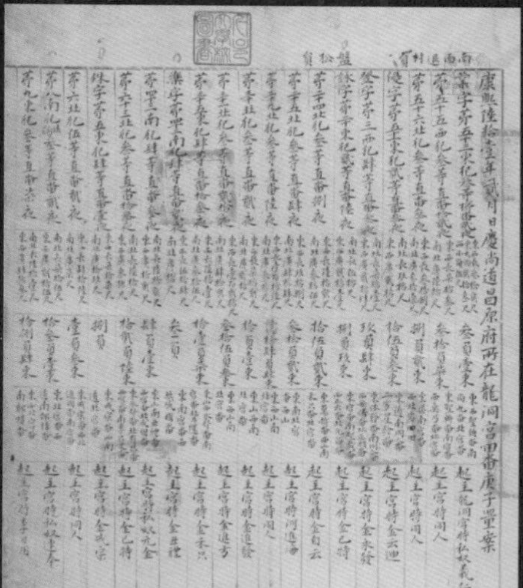

그림 3 **조선시대 호적과 양안,** 서울대학교 규장각한국학연구원 소장

조선시대 호적에 대해서는 성균관대학교 동아시아학술원의 손병규 선생님이 2007년에 출간한 『호적(1606-1923): 호구기록으로 본 조선의 문화사』라는 매우 훌륭한 안내서가 있다. 조선시대 양안에 대해 다루는 이 책을 선택한 독자들께 조선시대 국가재정과 세금에 대한 더욱 깊이 있는 이해를 위해 손병규 선생님의 책을 권하고 싶다. 물론 조선시대 양안에 대한 본격적인 연구자라기에 모자란 필자가 집필한 이 책은 여러 면에서 호적과 국가 재정 연구의 탁월한 전문가인 손병규 선생님의 저서와 비견될 수 없다는 점을 미리 말씀드린다.

현대인들에게도 토지를 비롯한 부동산은 재산 형성과 소득에서 매우 중요한 관심사이기 때문에 독자들은 토지의 취득 및 운영과 관련한 종합부동산세나 재산세와 같은 현대 한국사회의 여러 세금 항목들에 대해 대부분 어느 정도 익숙한 편이리라고 생각한다. 그렇지만 현대사회와는 정치·경제·사회 구조가 서로 다른 조선시대에는 토지에 대한 파악과 세금의 부과, 납부가 오늘날과 여러 가지 면에서 구별된다. 앞서 김령의 일기에서 살펴본 것처럼 국가의 토지 및 조세 행정에서 등장하는 용어들은 지금은 쓰이지 않는 한자어로 된 매우 낯선 것들이 대부분이다. 또한 호적과 마찬가지로 양안 역시 토지에 대한 파악과 세금 부과라는 특수한 목적을 위해 만들어진 전문적인 성격의 장부이기 때문에 문서의 기재 양식을 정확히 알지 못하면 조선시대 역사에 어느 정도 소양이 있다고 하더라도 내용을 파악하기가 쉽지 않다.

이 책의 목표는 조선시대 역사와 문화에 관심이 있는 일반 독자들에게 조선시대 국가가 토지를 파악하여 세금의 부과 기준을 밝혀 놓은 장부인 양안에 대해 소개하고 설명하는 것이다. 책을 시작하기에 앞서 필자가 조선시대 양안에 대한 전문적인 연구자가 아니라는 점에 대해 미리 양해를 구하고 싶다. 그러나 다른 한편으로 필자의 전문성이 부족하다는 약점은 일반적인 독자의 시각에서 양안에 대한 본격적인 연구들을 요약하고 설명하는 데 장점이 될 수도 있지 않을까? 책에서 근거로 삼은 여러 연구자 선생님들께 깊은 감사의 인사를 드리는 동시에 책의 성격을 감안하여 꼼꼼하게 인용을 하지 못한 점에 대해서도 양해를 부탁드린다. 물론 이 책의 내용에 토대가 된 연구들에 대해 부정확하고 잘못 소개한 부분이 있다면 전적으로 필자의 책임이다.

조선시대 양안을 한 번도 접해 보지 못한 독자들이 많을 것이라는 점을 감안하여 2장에서는 우선 양안의 문서 양식과 수록된 정보에 대해 설명할 것이다. 3장에서는 조선시대 양전사업의 역사를 간략하게 살펴보고, 4장에서는 실제 양전을 시행하고 양안을 작성하는 과정을 설명할 것이다. 마지막 5장에서는 이렇게 작성된 양안이 어떻게 활용되었는지 살펴보고자 한다. 만약 양안의 문서 양식을 파악하기 쉽지 않다고 여긴다면 조선시대 양전의 역사를 다루는 3장을 먼저 읽는 것도 괜찮을 것이다.

2

양안의 문서 양식과
수록 정보

이 글을 읽는 독자들 가운데에는 조선시대 양안을 한 번도 실물로 보지 못한 분들도 많을 것이다. 그런데 막상 현대인들이 부동산에 엄청나게 큰 관심을 가진다고는 하지만, 오늘날 사용되는 토지대장이나 지적도가 어떻게 생겼는지는 잘 모르는 경우도 많을 것 같다. 그렇지만 다른 한편으로 토지 관계 장부나 문서들에 어떤 내용이 수록되어 있을지는 잠깐만 생각해 보면 어렵지 않게 추측할 수 있다. 현대의 토지대장에는 어떤 필지를 다른 토지들과 구별하여 정확하게 식별할 수 있는 정보들(고유번호, 소재지 등)과 해당 필지에 대해 국가와 개인이 중요하게 생각하는 정보들(예를 들면 면적, 소유자, 가격 등)이 수록되어 있으리라고 충분히 짐작 가능하다.

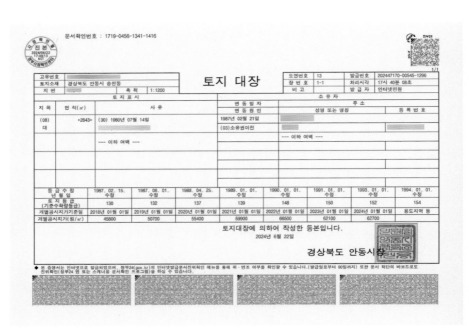

그림 4 현재의 토지대장 등본(안동대학교 부근, 정부24 발급)

【그림 4】는 현재 대한민국에서 사용하는 토지대장이다. 실제 우리가 토지대장에 수록되어 있을 것이라고 생각하는 정보들을 정확하게 수록할 수 있는 양식을 잘 갖추고 있음을 어렵지 않게 확인할 수 있다. 왼쪽 상단의 고유번호가 필지마다 부여되는 식별 번호로, 개인에게 부여하는 주민등록번호와 같은 기능을 한다. 그 아래의 토지 소재지와 지번도 마찬가지로 필지에 고유한 위치정보이다. 그 아래에는 토지의 용도를 가리키는 지목과 토지의 면적이 기재되고, 오른편에는 토지 소유자에 대한

정보가 기재된다. 토지 소유자의 변동 내역과 함께 소유자의 주소, 주민등록번호가 토지대장에 함께 수록된다. 마지막으로 하단에는 토지의 등급과 개별공시지가에 대한 정보가 담겨 있다.

그런데 이렇게 문자로 된 정보들만으로는 해당 토지가 어떠한 모양인지, 어디에 위치하는지를 직관적으로 파악하기 어렵다. 토지에 대한 주요한 정보들을 담은 지도 형태로 제작하는 문서인 지적도가 필요한 이유가 여기에 있다.

【그림 5】의 지적도를 보면, 토지의 형태를 그림으로 그려 개별 필지의 경계를 구분하고 해당 필지마다 지번과 지목을 표기해 놓은 것을 확인할 수 있다. 한 토지의 토지대장과 지적도를 함께 확인하면 해당 토지의 위치와 형태, 토지의 고유번호, 소재지, 소유자, 등급, 가격 등 오늘날 국가와 개인이 중요하게 생각하는 정보를 파악할 수 있다. 참고로 토지대장과 지적도와 같은 문서들을 통칭하여 지적공부라고 하는데, 지적공부의 원본들은 시군구의 소관 행정관청에 보관되어 있다. 문서 원본의 내용을 그대로 베껴서 개인이 이용할 수 있도록 한 문서를 등본이라고 하며, 현재는 대부분의 지적공부들이 전산화되어 온라인을 통해 등본을 쉽게 열람하고 발급받을 수 있다.

조선시대 토지대장인 양안 역시 오늘날의 토지대장이나 지적도를 기준으로 생각하면 유사한 점이 많다. 사용하는 용어가

그림 5 │ 현재의 지적도 등본(안동시청 주변, 정부24 발급)

오늘날과 크게 다르기는 하지만, 어떠한 토지를 다른 토지들과
구별하게 해 주는 고유한 식별 정보와 함께 해당 토지의 형태와
위치, 당시 사람들이 중요하게 생각하는 토지에 대한 다양한 정
보들이 양안에 수록되었다. 물론 조선시대 양안이 오늘날의 토

지대장과 본질적으로 같은 성격의 장부라고 쉽게 단정 지어 말할 수는 없다. 그렇지만 양안이라는 장부를 처음 접하는 입장에서 양안에 어떠한 정보들이 어떠한 양식으로 수록되는지를 이해하고자 한다면, 현대의 토지대장과 지적도를 먼저 염두에 두는 것도 좋은 방법이라고 생각한다.

이 장에서는 조선시대 양안을 이해하기 위한 첫 번째 순서로 양안을 직접 살펴보면서 양안의 문서 양식과 수록 정보들에 대해 설명할 것이다. 조선시대 양안도 시기가 지남에 따라 수록되는 정보가 조금씩 변화했고, 각각의 정보들을 기재하는 방법과 문서 양식에도 변화가 발생했다. 따라서 시기별로 문서 양식과 수록 정보에는 차이가 존재한다. 여기에서는 일단 가장 마지막에 작성된 양안인 대한제국 시기의 광무양안을 기준으로 문서 양식과 수록 정보를 설명하면서 필요한 경우 앞 시기와의 차이를 소개할 것이다. 광무양안이 조선시대 양안이 발전하여 도달한 최종 완성물이라고 생각하기 때문은 아니다. 각 시기의 양안은 조선시대 안에서도 해당 시기의 고민과 과제들을 담아낸 결과물이다. 광무양안을 기준으로 선택한 것은 단지 광무양안이 상대적으로 문서의 기재 양식을 쉽게 판별할 수 있는 장점을 갖고 있기 때문이다.

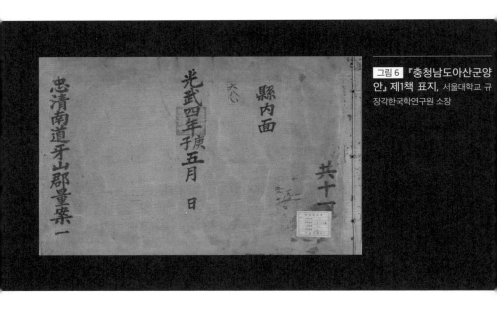

【그림 6】은 광무양전 사업으로 작성된 첫 번째 양안인『충청남도아산군양안』의 표지이다. 광무양전사업으로 만들어진 다른 양안들과 함께 현재는 서울대학교 규장각한국학연구원에 소장되어 있다. 양전사업은 특별한 경우가 아니라면 대개 오늘날의 시·군에 해당하는 군현을 단위로 이루어지고 양안도 군현의 장부가 하나로 만들어진다. 조선시대 군현은 행정적으로 면 面으로 나누어지는데, 양전의 시행과 양안 작성은 면별로 진행된다. 대한제국 시기 아산군은 모두 11개 면으로 구분되었고, 아산군양안은 1면을 1책으로 하여 작성되었다.[1]

【그림 6】의 표지를 보면, 가장 왼쪽에 "충청남도아산군양안忠淸南道牙山郡量案 일一"이라는 제목이 나타난다. 가운데 "광무 4년 경자 5월 일光武四年庚子五月 日"은 양안이 최종 완성된 시기를 가리킨다. 아산군의 경우 1899년 6월에 양전이 시작되었고, 모든 작업을 마무리하여 양안 작성이 끝난 시점이 1900년(광무 4) 5월이었다. 1900년이 대한제국의 연호로 광무 4년이며, 이해는 경자년이었기 때문에 위와 같이 표기된 것이다. 그 오른편에 "현내면縣內面"은 아산군양안 1권이 아산군의 현내면에 대한 양안이라는 점을 알려 주며, 가장 오른쪽 하단의 "공십일共十一"은 아산군양안이 모두 11책으로 이루어져 있다는 의미이다.[2]

아산군양안의 제1책의 가장 앞에는 【그림 7】에 보이는 바와 같이 아산군의 경계에 대한 설명과 군 전체의 통계 수치가 제시되어 있고, 그 뒤에는 【그림 8】과 같이 현내면의 전체 통계가 이어서 나온다. 2책부터는 당연히 군 전체 수치는 나오지 않고, 해당하는 면에 대한 정보만 제시된다.

군과 면 통계가 제시된 다음에 비로소 개별 토지에 대한 정보가 자호와 지번의 순서대로 등장하기 시작한다. 다음의 그림은 아산군 현내면 양안에서 개별 토지들에 대한 정보가 처음으로 제시되는 첫 번째 면이다. 양안이라는 장부가 격자로 구분된 일종의 그리드grid 형태 혹은 스프레드시트spreadsheet와 같은 표

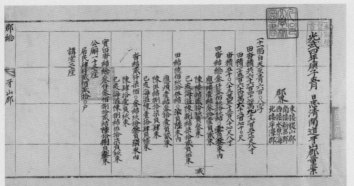

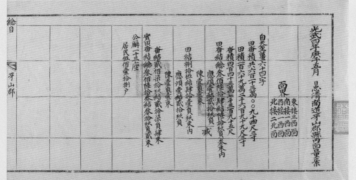

형식을 활용하여 토지에 대한 각종 정보를 기재하는 방식으로 작성되었음을 한눈에 파악할 수 있다. 이제 양안의 문서 양식과 수록 정보에 대해 구체적으로 살펴보도록 하자.

고유 식별 번호와 필지의 위치: 자호와 지번, 들판

이 글에서는 양안에 별도로 구획되어 등록되는 개별 토지를 "필지"라고 부른다. 양안에서 1개의 필지는 아래 그림에 보이는 대로 격자 속에 세로로 쓰인 일련의 정보들로 나타난다. 아래 그림은 지금까지 살펴본 충청남도 아산군의 제2책 일북면—北面 양안이다. 양안에 수록되는 정보들은 광무양안의 양식을 기준으로 ① 자호字號, ② 지번地番, ③ 양전 방향, ④ 전형田形과 지목地目, ⑤ 사표四標와 장광長廣 척수尺數, ⑥ 면적, ⑦ 전품田品, ⑧ 결부結負, ⑨ 등록자 이름, ⑩ 들판으로 구성된다.

가로로 구획된 칸들은 유사한 항목들을 한데 묶어 보여 준다. 이러한 항목들을 유형별로 나누어 보면, ① 자호, ② 지번은 필지의 고유한 식별 번호라고 할 수 있고, ⑩ 들판은 필지가 물리적으로 소재한 위치를 알려 준다. ③ 양전 방향과 ⑤번 정보 가운데 사표는 양전 순서와 필지의 상대적 위치를 나타낸다. ④

번 정보 가운데 지목은 토지의 유형을 구별한다. ④번 정보 가운데 전형, ⑤번 정보 가운데 장광 척수, ⑥ 면적, ⑦ 전품, ⑧ 결부는 서로 긴밀하게 연결되어 토지의 면적과 등급에 따라 세금을 부과하는 기준이 된다. ⑨는 해당 필지에 등록된 사람의 이름으로 '주主'와 '작作'으로 다시 구분된다. 조선시대 양안들은 문서 형태와 각각의 항목을 기재하는 방식에서 시기별로 차이가 존재하지만, 조선 초에 기본적인 양식이 확립된 이후로는 대체로 위와 같은 정보들을 공통적으로 담아냈다.

조선시대 양안에서는 자호字號와 지번地番을 활용하여 하나하나의 필지들을 구분한다. 다음 그림에서 오른쪽 상단에 기재된 ① "해자海字"가 바로 자호이며, 그 아래 개별 필지마다 가장 먼저 제시되는 ② "제일第一", "제이第二"와 같은 번호가 지번이다. 일반적으로 자호는 천자문 순서대로 5결³ 단위로 새로운 글자가 부여된다. 1개의 자호를 이루는 전체 5결의 토지는 여러 개의 필지로 나뉘는데, 1개 필지마다 순서대로 지번이 부여된다. 양전이 시작되면 항상 '천자天字 제1번'부터 자호와 지번이 부여되고, 5결이 다 차서 다음 자호로 넘어가면 그다음 글자인 '지자地字' 자호가 새로 부여되고 다시 제1번부터 지번이 새로 시작한다. 군현의 크기가 크고 토지가 많아서 1000개의 글자로 자호를 모두 부여할 수 없는 경우에는 천자문의 처음 글자부터

『충청남도아산군양안』 제1책, 양안의 기재 양식, 서울대학교 규장각한국학연구원 소장

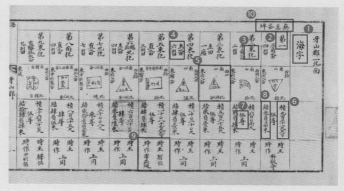

다시 시작하되, 글자 앞에 '이二'자를 붙여 '이천二天'과 같이 구별했다.

자호와 지번이 양전 과정에서 부여되는 일종의 식별 '코드'라고 한다면, ⑩ 들판은 해당 필지가 물리적으로 소재하는 위치를 나타낸다. 들판은 자호가 5결 단위로 부여되는 것과 달리 일정하게 정해진 규모에 따라 구분되지 않고, 실제 필지가 자리 잡은 지역적 범위에 따라 나뉜다. 위의 아산군의 일북면 양안에서 첫 번째 필지는 "아산군 일북면 무이곡평無怠谷坪 해자海字 제1번"이라고 불리게 되는 셈이다.

오늘날의 토지대장에서와 같이 필지마다 고유번호가 부여되거나 주소 형태로 지번이 붙지는 않았으나, 1개 군현 안에서

는 개별 필지들이 이와 같이 자호와 지번, 들판명으로 서로 구별될 수 있었다. 양전 과정에서 모든 필지는 각각 자호와 지번을 부여받게 되고 다음번 양전을 새로 하기 전까지는 변하지 않았기 때문에 이것이 개별 필지를 식별하는 고유 번호와 같은 기능을 했다. 실제로 토지를 매매하거나 상속하기 위해 작성하는 문서들에서 개별 필지의 소재지와 양안에 기재된 자호와 지번을 적었던 것은 양안상의 자호와 지번이 각각의 필지를 구분하는 역할을 하고 있었음을 잘 보여 준다.

【그림 11】은 1689년(숙종 15) 용치상龍致湘이라는 인물이 유생

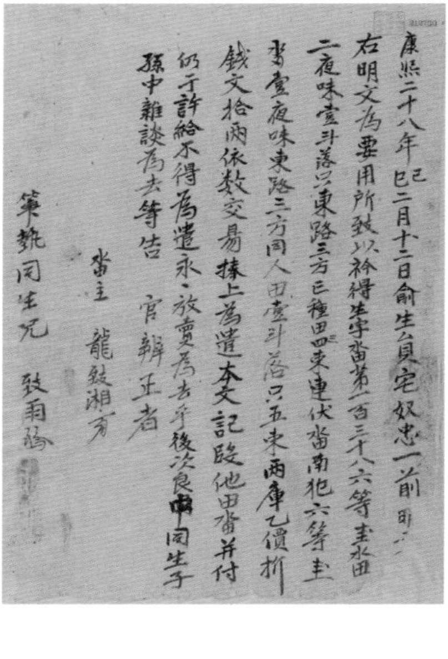

그림 11 「용치상토지매매문기」, 서울대학교 규장각한국학연구원 소장

원댁兪生員宅의 노奴 충일忠一에게 토지를 매매한 문서이다. 이 문서에서 매매 대상 토지는 "생자답生字沓 제일백삼십팔第一百三十八 육등六等 규답圭沓"이라고 표기되었다. "생生이라는 자호와 138번의 지번이 붙은 6등급 이등변삼각형 모양의 논"이라는 표현에서 자호와 지번이 해당 토지를 식별하는 역할을 하고 있음을 분명하게 확인할 수 있다. 실제로 1722년 안동에서 일어난 토지 소송의 사례에서 토지 거래문서에 자호가 기재되지 않았다는 점이 해당 문서가 비정상적이거나 토지를 특정할 수 없다는 근거로 제시되기도 할 정도로(오인택 2008),[4] 양안의 자호와 지번은 특정한 필지의 고유한 속성이라고 받아들여졌다.

천자문과 숫자를 이용하여 '자호+지번'의 방식으로 필지마다 일종의 고유한 '코드'를 부여하는 방식은 조선 건국과 함께 도입된 것이다. 고려시대에는 토지를 일정한 규모로 묶어서 '정丁'이라고 부르고, 이 '정'을 단위로 토지에 제도적 역할을 부여했다. '정'을 가리키는 명칭을 '정호丁號'라고 했는데, 고려에서는 정호로 사람의 이름을 사용했다고 한다. 해당하는 '정'으로부터 세금을 거두는 권한을 가진 사람의 이름을 '정호'로 사용했을 것으로 추정한다. 고려 말 이성계를 비롯한 조선 건국세력들이 권력을 장악한 이후 사람의 이름을 '정호'로 사용하는 제도가 토지제도가 문란해진 원인이라고 생각하여 사람의 이름 대신에 천자문의 글자를 '정호'로 사용하게 했다. '자호字號'라는 용어는 천자문의 글자로 된 '정호'라는 의미이며, 조선 건국 직전에 이루어진 1389년(공양왕 1)의 기사양전에서 처음으로 자호가 부여되기 시작했다. 실제로 조선 전기에는 "천자정天字丁", "지자정地字丁"과 같이 "○자정○字丁"이라는 표기법이 사용되었다.

천자문 글자를 이용하는 자호가 1389년의 기사양전에서 처음 도입되었다는 사실이 분명한 반면, 1개의 자호로 묶은 토지를 이루는 개별 필지들에 지번이 언제부터 부여되었는지에 대해서는 의견이 엇갈린다. 천자문 자호가 쓰이게 된 기사양전 때부터 곧바로 지번이 사용되었다고 이해하거나, 애초에 지번은 필지를 구분하는 역할을 하는 것이므로 사람의 이름을 정호로 사용했던 고려에서도 숫자 형태의 지번이 사용되었다고 보기도 한다. 반면에 아직 상경농법이 완전히 정착하기 이전 단계에는 경작하는 토지와 휴경하는 토지를 한꺼번에 큰 규모로 묶어 파악할 수밖에 없고 필지들이 서로 잇닿아 있지 않는 경우가 많아서 지번을 부여하는 작업이 의미가 없다고 보는 견해도 있다.

지번의 존재를 보여 주는 가장 이른 시기의 자료는 1475년(성종 6)의 "권개 별급문기權玠別給文記"이다. 조선 전기 세조 때의 인물인 권개가 막내 사위 하원河源에게 토지와 가옥, 노비 등의 재산을 상속하면서 작성한 이 문서에는 모두 4개의 필지가 등

장한다. 이 필지들에는 "신자일전臣字一田", "수자구전首字九田"과
같이 천자문 형태의 자호와 함께 숫자 형태의 지번이 부여되
어 있음이 확인된다. 문서가 작성된 1475년으로부터 가장 가까
운 시기의 경상도 지역 양 전은 1463년(세조 9)에 있었다. 늦어도
1463년 시점에 필지에 지번을 부여하는 양안의 문서 양식이 출
현했음을 알 수 있다. 그렇지만 15세기 중반에 이미 지번의 부
여가 일반적인 현상이었는지를 확정하기는 어렵다. 또한 갑술
양전까지도 자호와 지번 사이에는 상호 연관성이 없었다.

그림 12 『경상도남해현금산장사복사전답이속용동
궁개타량성책』, 서울대학교 규장각한국학연구원 소장

자호와 지번 사이에 연관성이 없다는 사실이 드러
나 있다

1389년에 자호가 도입되고, 15세기 중반 이전에 지번을 부여하는 방식이 출현했다. 이와 함께 1개의 자호를 5결 단위로 구분하는 1자 5결의 원칙도 이 사이에 비로소 자리 잡았다. 고려 말 사람의 이름 대신 천자문 글자를 정호로 사용하도록 할 때에만 해도 1정의 크기를 10, 15, 20결의 세 가지로 구분하도록 했다. 그러나 건국 직전의 기사양전에서나 조선 건국 직후의 양전에서는 1개 자호에 속한 토지의 규모가 유동적이었던 것 같다. 실제 이 시기 자료로 확인되는 1개 자호의 평균 결수는 12결 내외로 나타나는데, 이러한 규모는 자연지리적으로 구분되어 농업 경작의 단위공간으로서 성격을 갖는 고려시대 정의 규모를 반영하는 것으로 이해된다.

　　조선 건국을 전후하여 국가는 사람의 이름을 정호丁號로 사용하지 못하게 하는 동시에 고려 이래의 '정丁'을 5결 단위의 인위적 구획으로 새롭게 구분하고자 했다. 조선 건국 직후인 1401년(태종 1)부터 경기를 시작으로 5결당 자호를 하나씩 붙이는 방침이 적용되었고, 1405년(태종 5)의 을유양전을 거쳐 1436년(세종 18)에 이르러 전국에 걸쳐 5결 단위로 자호를 매긴다는 원칙이 확립되었다. 1자5결의 원칙이 완전히 법제화된 것은 영조 대 『속대전』에 이르러서였으나, 실제로는 16세기 이후에는 대체로 1자 5결의 원칙이 전국적으로 확산하여 나갔다.

그럼에도 1자 5결의 원칙은 1720년(숙종 34) 경자양전에서도 엄격하게 지켜지지 않았는데, 1개 자호를 5결로 마감한 경상도와 달리 전라도는 대부분 이를 준수하지 않았다. 다만 1820년(순조 20)의 양전 규정에서는 '1자 5결 방식을 따를 것'이 명시되어 있고, 1자 5결 원칙을 준수하는 광무양전에서는 오히려 별도의 규정조차 없는 것으로 보아 19세기 이후에는 1자 5결의 원칙이 분명하게 확립되었음을 알 수 있다. 그러나 다른 한편으로 1자 5결이 양안 작성의 원칙으로 확고하게 자리 잡는 것과 동시에 비공식적 구획으로서 들판은 광무양안에 이르기까지 지속적으로 살아남아 중요한 역할을 했다.

사실 조선시대 내내 '들판'은 국가의 행정구역 체제에서 공식적인 단위로 자리 잡지 못했다. 군현 아래에는 면面과 리里, 혹은 동洞 단위의 구분이 있었을 뿐이다. 들판은 동리-면-군현-도로 이어지는 국가의 공식 행정구역 체계에 포함되어 있지 않으면서도 토지에 대한 공적 장부인 양안에는 기재되어 있는 비공식적 행정구획 단위였던 셈이다. 사실 양안을 작성하는 과정에서도 들판을 어떻게 정의하고 구분하는지에 대해서 공식적인 규정이 마련되어 있지 않았고, 들판의 규모도 서로 제각기 달랐다. 들판의 위상과 이에 대한 규정이 모호함에도 불구하고 조선시대 양안에서 들판은 빠지지 않고 등장하며 매우 중요한 역할을 한다. 특히 1720년(숙종 34) 경자양안 이전에는 지번을 자호별로 매기지 않고 들판별로 매긴 사례들도 확인되는데, 이는 이 시기까지 양전이 들판을 단위로 진행되었음을 짐작하게 해준다.

광무양전사업과 식민지시기 토지대장을 비교한 연구에서는 경상도 경주군 교리와 인왕리 광무양안에 대한 연구에서 현대의 지적도 위에 광무양안에 기재된 들판의 분포를 아래와 같은 그림으로 제시했다.[5] 색깔로 구분된 들판의 분포는 도로나 하천 같은 지리적 구획을 명확한 기준으로 하지는 않으면서도 비교적 명확하게 구분된 모습으로 나타난다. 양안에 등장하는 비공식적 구획으로서 들판은 국가가 인위적으로 토지를 구획하기 이전부터 존재해 오던 농민의 거주와 농업 경작, 혹은 세금의 부과와 납부의 관행적인 단위들이 자연스럽게 자리 잡은 것으로 짐작할 수 있다. 들판의 명칭이 들판, 벌판을 의미하는 이두인 '원員', '평坪'이 가장 많고, 골짜기를 의미하는 '곡谷', 거주지를 의미하는 '동洞', '리里', '촌村' 등 다양한 형태로 나타나는 것도 이러한 들판의 특성을 반영하는 것으로 보인다.

지금까지 살펴본 대로 양안에서 자호와 지번은 각각의 필지를 구분하는 역할을 하는 일종의 '기호'인 셈이다. 천자문을 활용한 자호로 5결 규모의 토지를 묶어 개별 필지마다 하나씩 숫

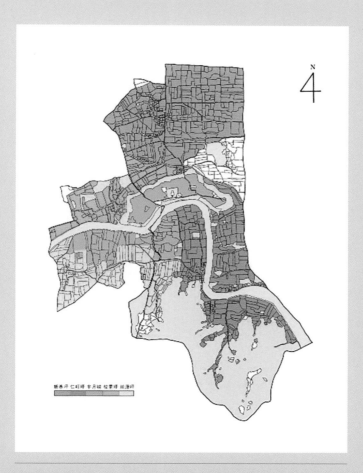

자를 붙이는 지번을 부여하는 방식은 개별 필지를 직관적으로 식별하는 역할에 매우 효과적이다. 그러나 이와 동시에 자호와 지번은 조선 건국 이후 국가의 토지와 농민에 대한 파악이 기초하는 이념과 농업 생산 조건의 변화를 담고 있다. 사람의 이름을 정호로 사용하는 고려시대의 방식을 폐지하고, 천자문을 자호로 부여한 것은 전국의 모든 토지를 국가가 단일하게 파악하고 관리한다는 이념을 반영한다. 자호 아래 세분화된 필지들에 지번을 붙여 연속적으로 파악할 필요성은 상경농법의 정착과 함께 확립되었다. 그리고 새로운 국가 조선이 수립한 5결 단위의 자호 구분이 원칙으로 자리 잡는 동시에 고려 후기 이래 자연지형, 농업 생산과 인구 구성 및 과세 관행 등을 반영하는 들판도 양안에서 매우 중요한 역할을 수행했다.

양전 방향과 필지의 연속성: 양전 방향과 사표

조선시대 양안의 가장 큰 특징 가운데 하나는 필지의 위치를 지도와 같은 형태의 문서로 제작하지 않았다는 점이다. 앞서 살펴본 대로 현대에는 문서 형태로 작성하는 토지대장과 함께 각 필지의 모양과 위치를 지도로 그린 지적도가 존재한다. 그뿐

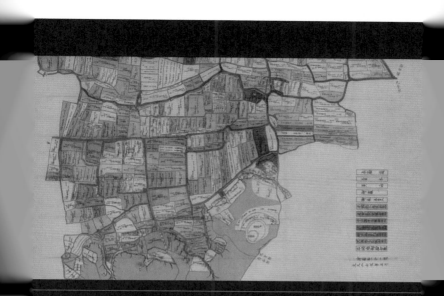

그림 14 일본의 검지장에 수록된 견취도, https://archive.bunmori.tokushima.jp

그림 15 중국의 어린도책

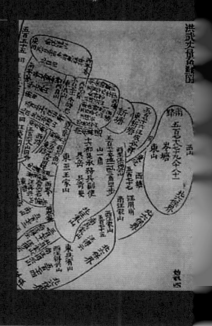

만 아니라 조선과 같은 시기 중국의 어린도책魚鱗圖冊과 일본의 검지장檢地帳과 같은 토지대장 안에는 지도 형태로 필지 전체의 위치를 표시한 일람도가 포함되었다. 이와는 대조적으로 조선은 양안에 수록된 개별 필지들의 위치를 지도로 그려 제작하지 않았다. 그렇다면 조선시대에는 양안에 등록된 필지가 어디에 위치한 어느 토지라는 사실을 어떻게 확인할 수 있었을까?

조선시대 양안은 필지 전체의 위치를 지도 형태로 작성하지 않는 대신에 개별 필지마다 양전을 진행해 나가는 방향과 사표라는 두 가지 위치 정보를 기재했다. 앞서 검토한 충청남도 아산군 일북면 양안을 다시 살펴보도록 하자. 가로로 구획된 첫 번째 칸에서 ② 지번 아래에는 공통적으로 ③ "동범東犯" 혹은 "북범北犯"과 같은 정보가 기재되었는데, 이것은 한 필지로부터 다음 필지로 양전을 진행해 가는 방향을 나타낸 것이다. 이를 보통 '양전 방향'이라고 부른다. ③ 양전 방향은 두 번째 가로 구획에 수록된 ⑤번 정보와 밀접하게 관련되는데, 필지의 모양을 그리고 그 사방 동서남북 방향에 무엇이 위치하는지를 기재한 것을 사표라고 한다.

첫 번째 위치 정보인 양전 방향은 한 필지에서 다음 필지로 양전을 진행해 나가는 방향을 표시한 것이다. 양전 방향을 기재할 때는 동서남북 네 가지 방위 가운데 하나를 선택하여 기록했

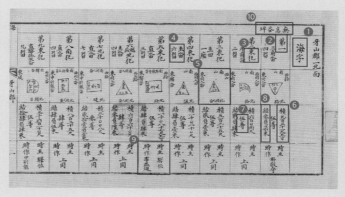

다. 위의 사례에서 해자海字 1번 필지는 처음 양전을 시작한 필지이므로 양전 방향이 기재되지 않았다. 2번 필지는 지번 아래 "동범東犯"이라고 기록했는데, 바로 앞에서 측량한 1번 필지에서 동쪽으로 이동하여 2번 필지에 이르렀다는 의미이다. 이어지는 3번부터 5번까지는 모두 "동범"이라 기재했으므로, 계속 동쪽으로 양전을 진행했음을 알 수 있다. 6번 필지에 "북범北犯"이라는 기록은, 5번에서 6번으로 나아갈 때 북쪽으로 이동했다는 의미이고, 8번 필지는 "남범南犯"했으므로 7번에서 남쪽으로 이동하여 8번 필지에 이르렀다는 뜻이다. 6번 필지에서 지번과 양전 방향 사이에 "월로越路"라는 것은 "길을 건넜다"는 의미로, 다음 필지로 이동할 때 양전 대상인 농경지가 아닌 자연 지형이

위치하여 이를 건너 다음 필지를 측량했음을 가리킨다. 양전 대상 필지가 연속적으로 이어지는 경우에는 이러한 정보를 기재하지 않는다.

두 번째 위치를 나타내는 방위 정보인 사표는 해당 필지 주변에 무엇이 위치하는지를 나타낸다. 광무양전사업에서는 이전의 양안과 다르게 필지의 모양을 두 번째 줄에 도형으로 그려 표기했는데, 그 사방 동서남북 각각에 무엇이 위치하고 있는가를 기재한 것이다. 위의 그림에 보이는 바와 같이 동서남북 각 방향에 산이나 하천과 같은 자연지형물, 길이나 제방과 같은 인공지형물이 있을 경우 이를 기재하고, 양안에 기재된 다른 필지인 경우에는 등록자의 이름과 지목을 표기했다. 동서남북을 표시할 때, 남쪽을 위쪽으로 하는 남상南上의 방위 체계를 따르고 있는 것이 특징이다. 위의 예에서 해자 제1번 필지는 "남산南山, 북로北路, 서로西路, 동동인답東同人畓"이라고 사표가 기재되어 있다. 해자 1번 필지의 남쪽은 산, 북쪽은 길, 서쪽도 길이고, 동쪽에는 같은 사람의 논이 위치한다는 사실을 알 수 있다. 광무양안 이전의 양안에서는 필지의 모양을 따로 그리지 않고, 동서남북 방향에 각각 무엇이 위치하는지를 글로 적어 넣었다.

양전 방향과 사표는 서로 긴밀하게 연계되어 작성되었다. 위의 예시에서 1번 필지는 박경수朴敬守가 시주時主로 등록된 논이다. 1번 필지에서 "동범"하여 2번 필지에 도달했는데, 2번 필지 역시 박경수가 시주로 등록된 논이었다. 앞서 살펴본 대로 1번 필지의 사표는 "남산, 북로, 서로, 동동인답"으로, 1번 필지 동쪽에 같은 사람의 논이 위치한다. 1번 필지 동쪽에 위치한 같은 사람의 논인 2번 필지의 사표는 "남산, 북로, 서동인답西同人畓, 동동인답"으로, 2번 필지 서쪽에 같은 사람의 논이 있다고 기록되어 있다. 사표와 양전 방향이 서로 연계하여 정보가 기재된다는 사실을 확인할 수 있다. 이처럼 양안의 개별 필지마다 수록된 양전 방향과 사표는 서로 긴밀하게 얽혀서 각 필지의 지리적 위치를 표시하는 기능을 한다.

양전 방향과 사표에 기재된 정보를 활용하면 각 필지의 상대적인 위치를 시각적으로 표현할 수 있다. 위의 사례에서 1번부터 8번 필지까지를 아래와 같은 그림으로 나타낼 수 있다. 그림은 북쪽을 위로 하여 그렸으며, 편의상 필지의 모양과 면적은 고려하지 않았다.

그런데 막상 양전 방향과 사표를 이용하여 필지들 사이의 위치를 나타내다 보면, 이 정보들을 가지고 필지들의 위치를 정확하게 표현하는 것이 매우 힘들다는 사실을 금방 알 수 있다. 위의 사례에서 5번 필지에서 북쪽으로 올라가서 6번 필지를 측량하고 다시 북쪽으로 7번에 이른 뒤에 다시 남쪽으로 8번 필지

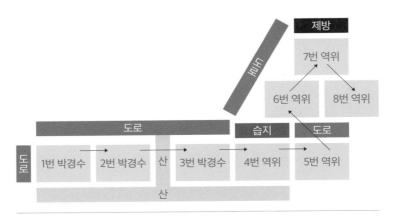

그림 17 아산군 일북면 해자 1번-8번 필지의 시각화

를 향해 이동하는데, 사표를 고려하면 이때의 북쪽과 남쪽으로
의 이동은 정북, 정남이 아닐 가능성이 높다. 2번 필지에서 동
쪽으로 이동하여 3번 필지로 이르렀음에도, 2번 필지의 사표에
는 동쪽에 3번 필지가 있는 것으로 기록된 반면 3번 필지의 사
표에는 서쪽에 2번 필지가 아니라 산이 위치한다고 기재되어
있다. 마찬가지로 5번 필지에서 길을 건너 북쪽으로 6번 필지
에 이르렀다고 했는데, 5번 필지의 사표에는 북쪽이 길로 나타
난 반면, 6번 필지의 남쪽에는 논이 위치하는 것으로 기재되어
있다.

　【그림 17】은 필지의 모양과 면적을 고려하지 않았기 때문에
양전 방향과 사표의 불일치가 더욱 두드러지게 나타났을 수 있

다. 그러나 광무양안을 포함하여 조선시대 모든 양안들은 양전 방향과 사표를 표기할 때 동서남북의 4가지 방위만을 활용한다. 모든 필지들이 동/서/남/북의 정방향으로 질서 정연하게 배치되어 있지 않다는 당연한 사실을 고려하면, 4가지 방위로만 기록된 양전 방향이 엄밀한 측량을 바탕으로 하지 않은 정보임을 쉽게 짐작할 수 있다. 사표 역시 마찬가지이다. 모든 필지들이 4면의 방위를 가진 사각형 모양이 아니기 때문에 실제 측량에서 사표를 동서남북 4개 방위만으로 정확하게 기재하는 것은 사실상 불가능한 일이다. 예를 들어 삼각형 모양의 토지에 대해 4면의 방위를 어떻게 구별할 수 있을까? 또는 한 면에 두 개 이상의 필지나 자연 지형이 겹쳐서 위치하는 경우 이 가운데 무엇을 선택하여 사표로 기록한 것일까?

광무양안과 근대 이후 작성된 토지대장의 개별 필지들을 서로 연결하여 분석한 연구에 따르면, 실제로 광무양안에 기록된 양전 방향과 사표로 수록된 정보들은 실제 지표 위의 "객관적인" 지리 정보와 정확하게 부합하지 않는 경우가 상당히 많다고 한다. 아직 많은 사례들이 조사된 것은 아니지만, 대략 70% 내외, 즉 10개 필지 중 7개 필지 정도만 대략적인 수준에서 실제 방위와 어느 정도 부합하는 것으로 파악되고 있다. 특히 인근에 큰 지형지물이 있어 양전을 진행해 나가는 방향을 큰 폭으로 수정

해야 할 때 방위를 판단하는 남북의 축이 크게 흔들리면서 실제
와는 반대 방위로 사표가 기재되는 사례도 적지 않다고 한다. 아
래 그림에서도 서쪽에 임야가 존재하는 상황에서 방위의 기준이
일관되게 적용되지 않고 있음을 잘 확인할 수 있다(김소라 2021).

양안에 기재된 양전 방향과 사표는 아마도 현장에서 양전
을 진행하는 실무 담당자들과 해당 필지를 경작하는 거주민들
이 주변 지형지물과 생활에서의 감각을 토대로 판단한 '주관적'

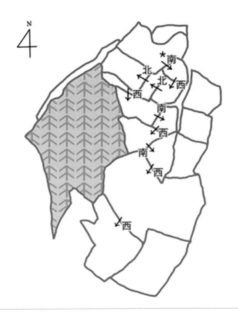

그림 18 충청남도 한산군 신장리 광무양안의 양전 방향, 김소라, 『양안의 재해석을 통해 본 조선
후기 전세 정책의 특징』, 박사학위논문, 서울대학교 참고

방위 판단에 가까울 것이다. 그렇다면 이렇게 부정확하고 주관적이어서 제3자가 개별 필지의 정확한 위치를 파악하기 어려운 수준의 정보를 양안에 기재했던 이유는 무엇일까? 조선시대 양안에서 모든 필지마다 양전 방향과 사표를 기록하도록 한 것은 앞서 살펴본 자호와 지번의 경우와 마찬가지로 조선 건국 이후 농경지를 최대한 빠뜨리지 않고 정확하게 파악하고자 하는 국가의 의지와 노력을 반영한다. 고려시대에는 농경지들이 서로 연속적으로 이어지는 형태가 아니라 사람의 이름을 기준으로 하는 정丁에 따라 불연속적으로 떨어진 상태로 파악되었다. 필지들의 연속성에 기초하여 각 필지 사이의 이어지는 관계를 기록하는 양전 방향과 사표는 바로 이러한 상황을 일정한 지리적 구획에 따라 연속적으로 파악하고자 했던 국가의 목표와 관련이 있는 것으로 보인다.

다른 한편으로 양안에 기록된 방위 정보가 현대의 기준으로 지리학적인 객관성과 엄밀성을 가지지 않는다고 하더라도 조선시대 토지 행정과 경제 생활에서 전혀 무의미했던 것도 아니다. 양전은 매우 많은 비용과 시간이 소요되는 사업이므로, 의미가 없는 정보를 구태여 기록할 이유가 전혀 없다.

【그림 19】는 미국 메이저리그 야구팀의 지구별 분포를 나타낸 것이다. 미국 메이저리그 야구는 모두 30개 팀으로 이루어

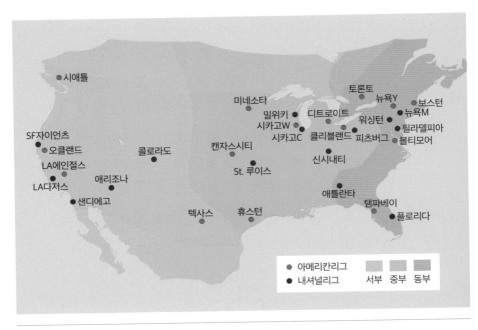

미국 메이저리그 야구의 지구별 분포

져 있는데, 붉은 점으로 표시한 아메리칸리그와 파란 점으로 표
시한 내셔널리그 각각 15개 팀으로 구분된다. 각 리그는 다시
지리적 위치를 기준으로 동부, 중부, 서부의 3개 지구로 5개 팀
씩 나누어진다. 그런데 위의 그림에서 확인할 수 있듯이 내셔널
리그 동부지구로 편성된 애틀랜타는 중부지구에 속한 피츠버
그보다 더 서쪽에 위치해 있다. 그러나 동부해안을 따라 이어지
는 도시들의 역사적·지리적 연계에 대한 미국인들의 생활 감각

은 애틀랜타를 동부에 속하는 도시로 여기게 하는 모양이다. 이러한 구분은 객관적이고 정확한 지리적 위치를 따르지 않는 것이다.

이러한 사례는 실제 생활의 다양한 영역에서 사람들의 역사적 경험과 관행이 지리학적 의미에서 엄밀한 위치, 방위 판단과 거리가 있을 수 있음을 보여 준다. 이러한 점을 고려하면 양안에 기재된 양전 방향과 사표 역시 해당 장소에서 양전을 하거나 거주하면서 농사를 짓는 누구나 일반적으로 비슷하게 판단하고 파악하는 정보일 수 있다. 실제 해당 지역에 거주하면서 특정한 필지를 경작하는 사람들이 농경지의 위치와 경계, 배치에 대해 모를 리는 없었을 것이다. 양안에 기재된 위치와 방위 정보는 이러한 사람들의 생활 감각을 반영하는 것으로, 해당 지역에서 이루어지는 토지와 관련한 행정적·경제적 활동에서 충분히 의미 있고 "객관적인" 정보로 받아들여졌을 수 있다.

세금을 결정하는 정보: 지목, 전형, 면적, 전품과 결부

필지를 구분하는 기호의 역할을 하는 자호와 지번, 연속적으로 이어지는 필지의 순서와 상대적인 위치를 표현하는 양전 방향과 사표는 조선시대 양안의 매우 중요한 특징을 보여주는 것이기는 하지만, 그 자체로 해당 필지가 얼마만큼의 세금을 부담하는지를 결정하는 것은 아니다. 양안이 세금을 부과하는 기준을 마련하기 위해 토지를 파악한 장부라는 점을 고려하면 결국 양안에서 가장 핵심적인 정보는 세금을 결정하는 데 영향을 끼치는 항목들이라고 할 수 있다. 아래에 보이는 ④ 지목地目과 전형田形, ⑤ 장광척수長廣尺數, ⑥ 면적, ⑦ 전품田品, ⑧ 결부結負가 바로 해당 필지가 부담하는 세금을 결정하는 양안의 핵심적인 항목들이다.

첫 번째 가로줄에서 자호와 지번, 양전 방향을 기재한 뒤에 이어지는 정보가 ④ 지목과 전형이다. 지목은 토지의 유형을 가

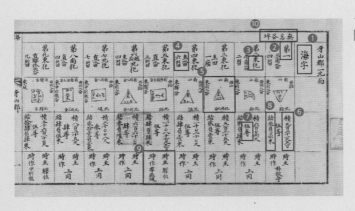

그림 20 양안의 기재 양식

리키고, 전형은 토지의 모양을 이르는 말이다. 위의 예시에서 해자 1번 토지의 '삼각답三角畓', 해자 3번 토지의 '규전圭田'이 바로 지목과 전형을 표시하는데, 양안에서는 '전형+지목'의 형식으로 이 정보를 기재한다. 우선 토지의 유형을 구분하는 지목은 논(畓), 밭(田), 집터(垈)의 세 가지 종류가 있다. 앞서 지적한 대로 양안은 지표 위의 모든 땅을 기재하는 장부가 아니라 국가가 세금을 부과하는 토지만을 대상으로 하는 장부이기 때문에 양안에는 논과 밭, 집터만이 파악되었던 것이다. 밭 가운데에는 곡식과 채소를 기르는 일반적인 경우 외에 특수한 작물을 재배하는 대밭(竹田)·갈대밭(蘆田)·닥나무밭(楮田)·옻나무숲(漆林) 등을 구분하기도 했다.

광무양안에서는 전형과 지목에 대한 정보와 함께 해당 필지를 구성하는 '배미' 내역도 함께 기재되었다. 위의 예시에서 해자 1번 토지에서 '삼각답 사열四配', 해자 3번 토지에서 '규전 일좌一座'라고 기재한 부분에서 '열'과 '좌'가 배미에 대한 정보이다. 배미란 두렁으로 나누어진 토지의 구역을 가리키는 말인데, 한 필지가 실제로는 몇 개의 배미로 이루어져 있는지를 조사하여 기재한 것이다. 물을 대야 하기 때문에 계단식으로 토지를 일구어야 하는 논이 대체적으로 여러 개의 배미로 나누어지는데 반해 굳이 구획을 나눌 필요가 없는 밭은 대개 하나이거나 상대적으로 적은 배미로 나뉘는 경우가 일반적이다. 집터의 경우는 가옥의 칸수(間數)를 기재하였다.

토지의 모양을 표시하는 전형은 토지의 면적을 계산하는 데 핵심적인 역할을 하는 정보이다. 현실의 토지는 기하학적인 도형과 같은 모양을 하고 있지 않기 때문에, 양안을 작성할 때에는 면적을 계산하기 위해 전형을 몇 가지 유형으로 정해 두고, 실제와 가장 근사한 도형으로 해당 필지의 전형을 표시했다. 조선시대 양안에서는 현실의 복잡하고 다양한 토지 모양을 정사각형[方], 직사각형[直], 사다리꼴[梯], 이등변삼각형[圭], 직각삼각형[勾股]의 5가지 유형으로 단순화하여 토지를 측량하고 면적을 계산했다. 기존에 정해진 유형으로 전형을 표현하기 어려운 경우에는 토지 모양을 적절히 나누어 여러 개의 유형을 합하는 방식으로 기재했다. 위의 사례에서 해자 9번 토지의 전형은 '직대호시[直帶弧矢]'인데, 이는 직사각형과 활모양을 붙여놓은 모양이라는 의미이다.

그러다가 대한제국기 광무양안 단계에 이르러 이 5가지 유형 외에 원[圓], 타원[楕圓], 활모양(弧矢), 삼각형(三角), 초승달모양(眉)의 5가지 유형을 추가하여 모두 10가지 모양으로 전형을 표시했다. 나아가 10가지 유형으로도 토지의 모양을 표현하기 어려운 경우에는 변[邊]의 모양을 따라 4변형, 5변형과 같이 다변형

多邊形으로 이름을 정하여서 최대한 실제 모양과 가깝게 표현하도록 했다. 또한 실제 양안을 작성하는 과정에서 10가지 유형에 규정되지 않은 모양으로 전형을 표기하기도 했다. 위의 사례에서 해자 2번 토지는 전형을 '우각牛角'이라고 하였는데, 이는 소뿔 모양을 가리킨다. 이러한 기재 양상은 광무양전사업에서 이전 시기와 비교하여 토지의 실제 모양과 면적을 최대한 정확하게 파악하고자 했음을 보여 준다.

토지의 모양을 정하고 나면, 해당하는 모양의 면적을 구하는 데 필요한 가로와 세로, 높이, 지름과 같은 정보들을 측량하여 기재했다. 이를 일반적으로 장광척수라고 표현한다. 5가지 유형으로 전형을 구분한 조선시대 양안에서는 측량을 통해 얻은 장광척수를 수치로 표기하는 방식을 택했는데, 대한제국기 광무양안에서는 위의 그림에 ⑤로 표시한 바와 같이 양안에 필지의 모양을 실제 수치에 비례하도록 직접 그림으로 그려 넣고 도형 안에 수치를 기재했다. 해자 7번과 8번 필지는 모두 직사각형의 전형으로 파악되었는데, 그 아래 그림으로 표현할 때에는 가로 세로의 비율에 따라 도형의 모양이 서로 다르게 그려졌음을 확인할 수 있다. 직사각형과 활모양을 붙여 놓았다고 표현한 해자 9번 토지의 경우도 그림을 통해 해당 필지가 어떤 모양인지를 직관적으로 파악할 수 있다. 전형을 장부에 그림으로 그려 넣은 것은 광무양안의 가장 두드러지는 특징 가운데 하나로 꼽을 수 있다.

토지의 전형을 규정하고, 해당 전형의 면적을 구하는 데 필요한 장광척수를 측량하고 나면 이를 활용하여 토지의 면적을 계산할 수 있다. ⑥으로 제시된 항목이 이렇게 계산하여 얻은 토지의 면적이다. 그리고 이렇게 파악된 면적의 토지에 얼마의 세금을 부과할지를 결정하기 위해서는 토지의 비옥도를 등급으로 나누어 파악할 필요가 있다. 비옥도에 따라 구분한 토지의 등급은 전품이라고 불렀는데, ⑦에 표현된 항목이 바로 이것이다. ⑥ 면적과 ⑦ 전품을 함께 고려하여 최종적으로 산출되는 수치가 바로 ⑧ 결부이다. 양안의 세 번째 줄에 기재된 ⑥ 면적, ⑦ 전품, ⑧ 결부는 해당 필지가 납부해야 하는 전세액을 결정하는 정보들로, 양안에 기재된 항목 가운데 가장 중요한 내용이라고 할 수 있다. 하나의 필지에서 납부해야 하는 전세액은 최종적으로 ⑧ 결부에 따라 정해진다.

사실 조선시대 양안에서는 전품, 결부만을 기재하고 토지의 면적은 기재하지 않았다. 토지의 면적은 광무양안 단계에 이르러 비로소 장부에 기재되기 시작했다. 그러나 광무양안 이전에 비록 면적이 기재되지 않았다고 하더라도 ④ 전형, ⑤ 장광척수를 토대로 면적을 계산할 수 있고, 이렇게 면적을 구하지 않으면 세금 부과를 결정하는 결부를 계산할 수 없다는 점에서 면적에 대한 정보는 장부에 기록되지 않았을 뿐, 숨겨진 형태로 장부에서 활용되고 있었다고 할 수 있다. 물론 그렇다고 해서 광무양전사업을 통해 면적을 장부에 비로소 직접 기재했다는 사실이 아무런 의미를 갖지 않는 것도 아니다. 이러한 사정을 파악하기 위해서는 토지의 면적, 전품, 결부 사이의 관계를 이해할 필요가 있는데, 여기에서는 일단 결부라는 단위의 특징을 통해 토지의 측량과 면적 계산, 전품의 산정과 결부수 계산이 어떻게 연결되는가를 설명하는 데 초점을 맞추고자 한다. 측량된 장광척수를 가지고 토지의 면적을 계산하고, 계산한 면적을 기초로 전품에 따라 결부수를 산출하는 과정에 대한 구체적인 설명은 양안의 작성에 대해 살펴보는 4장에서 자세하게 다룰 예정이다.

우리나라의 고유한 토지 측정 단위인 결부는 세금 납부를 기준으로 삼는다는 특징이 있다. 결부가 같은 토지는 동일한 세금을 납부한다는 의미이다. 당연히 토지마다 비옥도와 생산성이 다르므로, 결부가 같아서 똑같은 세금을 내는 토지들이라 할지라도 토지 등급에 따라 실제 면적을 다르게 조정할 필요가 있다. 이렇게 서로 다른 면적의 토지들이 같은 세금을 납부하는 결부라는 단위의 특성을 가리켜 이적동세異積同稅라고 부른다.

오늘날과 같이 동일한 면적의 토지에 대해 등급에 따라 세금을 다르게 부과하는 방식은 동적이세同積異稅라고 할 수 있다. 현대인에게 익숙한 동적이세의 관점에서 보면 조선시대 양안의 결부라는 기준과 이적동세의 원칙이 이상하게 보일 수도 있다. 그러나 조금만 생각해 보면 세금의 부과와 납부에서 이적동세와 동적이세는 최종적으로는 똑같은 결과에 이른다는 사실을 알 수 있다. 현대의 동적이세가 장부에 기록되는 마지막 단계의 정보를 면적으로 정해 두고 등급에 따라 다른 세금을 부과하는 방식이라면, 조선시대의 이적동세는 면적과 등급을 기준으로 세금 납부와 직결된 결부라는 항목을 도출하는 한 단계를 더 설정하는 방식이라는 차이가 있을 뿐이다.

토지 1결에서 납부해야 하는 전세액은 세종대 공법을 제정할 때는 풍흉에 따라 연간 4-20두의 범위 안에서 정해졌는데, 조선 후기 이후에는 연간 4두 수준으로 고정되었다. 이를 기준으로 하여 살펴보면, 앞의 예시에서 해자 1번 필지의 결부수는 3부 7속으로, 이 필지가 납부할 세금은 4두*0.037=0.148두이다. 해자 6번 필지의 경우에는 결부수가 3부 6속이므로, 이 필지는 4두*0.036=0.144두의 세금을 부담한다. 해자 1번 필지의 면적은 931척 5촌이고, 해자 6번 필지는 660척으로 1번 필지가 면적이 더 넓지만, 1번 필지의 전품이 5등인데 반해 6번 필지는 4등으로 1등이 더 높기 때문에 면적 차이에도 불구하고 두 필지는 결부수가 거의 비슷하게 책정되고 결과적으로 거의 같은 수준의 세금이 부과되는 것이다.

이와 같이 조선시대 양안에서는 비옥도가 서로 다른 토지들이 모두 동일한 전세를 부담할 수 있도록 서로 다른 면적의 토지를 전품에 따라 비율을 달리하여 결부수로 환산하는 방식을 채택했다. 결부제는 1444년(세종 26) 공법의 육등전품제를 통해 정교한 형태로 확립되었다. 세종은 토지의 비옥도를 모두 6개의 등급으로 구분하고 각 등급에 따라 동일한 생산량을 가질 수 있도록 토지의 면적을 조정했다. 결부수가 같다면, 가장 비옥한 1등급의 토지가 가장 면적이 좁고, 가장 척박한 6등급의 토지가 가장 면적이 넓은데, 세종대 공법에서는 이 비율을 1:4로 정했다. 반대로 면적이 같다면 1등급 토지의 결부가 가장 크고, 6등급이 가장 작다. 그리고 이러한 원리에 따라 6등급으로 구분한 전품별로 양전에 사용할 척도를 정했다. 즉, 1등전의 양전척은 주척周尺으로 4.775척, 2등전은 5.179척, 3등전은 5.703척, 4등전은 6.434척, 5등전은 7.55척, 6등전은 9.55척으로 규정하고, 각 등급 1척 평방을 1파把, 10파를 1속束, 10속을 1부負, 100부를 1결結로 규정했다.

이러한 규정에 따르면 양전을 할 때에는 토지의 전품에 따라 서로 길이가 다른 척도를 사용하는 것이 원칙이었다. 이렇게 6개의 등급마다 서로 다른 6개의 척도를 사용하도록 하는 방식을 등급에 따라 척도를 달리한다는 의미에서 수등이척제隨等異尺制라고 부른다. 등급에 따라 다른 척도를 사용하는 수등이척제는 1653년(효종 4)에 이르러 각 등급 토지를 모두 1등전의 척도 1개로 양전한 다음 미리 계산해 둔 환산표에 따라 서로 다른 등급의 결부수를 산술적으로 계산하는 방식으로 바뀌었다. 그런데 이미 전품 사이의 산술적 비례관계를 명확하게 규정해놓고도 전품별로 서로 다른 척도를 사용하는 엄청나게 불편하고 번거로운 방식을 사용했다고 보기 어렵다는 점에서 공법을 제정한 세종대 혹은 공법에 따른 양전을 시행한 세조 대에 이미 1개의 척도로 측량한 뒤에 다른 등급 결부를 산출하는 방식을 사용했다고 보는 견해도 있다. 1등전 1개의 척도만을 사용하여 토지 면적을 구한 뒤에 이를 전품에 따라 환산하는 방식에 대해서도 4장에서 구체적으로 설명할 예정이다.

면적과 전품을 토대로 결부를 구하는 것은 양전의 핵심적인 과정으로 매우 엄격하게 관리되었다. 그러나 다른 한편으로 실제 결부수의 산정은 국가의 세금 정책이라는 차원에서 조정을 거치는 것이 일반적이었다. 실제 양안의 사례에 대한 구체적인 연구에 따르면, 결부수는 이미 사전에 어느 정도 정해진 지역별

할당액을 염두에 두고 다양한 요소들을 고려하여 전품과 면적을 재조정하는 과정을 거쳐 부여되었다고 한다. 예를 들어 논은 밭보다 대체로 더 높은 전품을 받고 면적도 실제와 더 가깝게 파악되는 경향이 있었는데, 이는 논에서 재배하는 벼에 비해 밭에서 재배하는 작물의 가치가 더 낮다는 사실을 감안한 것이다. 또한 실제로 경작하는 토지 가운데에는 양안에 등재되지 않는 토지들이 적지 않았는데, 이러한 이른바 은결隱結은 단순한 부정이라기보다 적절한 규모로 세원을 파악하고 부담을 조정하는 과정의 일환이었다. 측량을 바탕으로 면적을 구하는 과정이 전혀 의미가 없었다고 할 수는 없지만, 실제 양안의 작성에서는 지역의 사회적·경제적 상황과 국가 재정의 필요를 고려하여 지역별 결부수가 할당되고 이에 기초하여 개별 필지의 결부수 조정이 이루어지고 있었다.

공법 제정을 통해 마련된 이러한 형태의 결부법은 조선 말기까지 국가가 토지를 파악하는 기본 방식으로 활용되었으며, 대한제국기의 광무양전사업에까지 지속되었다. 결부로 파악된 수치를 알고 있으면 국가 입장에서든 농민 입장에서든 다른 계산을 거치지 않고 얼마의 세금을 납부하고 거두는가를 바로 알 수 있다는 장점이 있다. 특히 국가 재정의 관점에서는 국가 전체 혹은 특정 지역의 전결수만 알고 있으면 토지로부터 거두는 전세 수입이 얼마인지를 바로 알 수 있을 뿐만 아니라 토지의 전결수와 연동되어있는 다른 부세들도 추가적인 계산 없이도 직관적으로 파악이 가능하다. 그런데 결부법은 고정된 면적을 표시하는 방식이 아니라 수확의 표준·수세의 표준을 나타내는 방식이기 때문에 결부수를 산출하는 과정이 매우 복잡하여 부정이 발생하거나 토지를 객관적으로 파악하기 어려운 단점도 있었다. 그리하여 조선 후기에 이르러 결부법에 근거하면서도 토지 면적을 정확하게 측정하는 데 초점을 맞춘 방전법方田法을 채용한 양전이 제안되기도 했으며, 유형원이나 정약용 같은 학자들은 결부법을 폐기하고 중국에서 사용하는 경무법을 채택할 것을 주장하기도 했다.

토지의 등록자: 주인과 작인

양안에 기재된 정보 가운데 가장 마지막 사항은 해당 필지의 주인主人과 작인作人의 이름이다. 아래 그림의 맨 아래에 실린 ⑨에 해당하는 항목이 바로 토지의 등록자의 이름을 기재한 내역이다. 광무양안에서는 이와 같이 토지의 등록자를 각각 '시주時主'와 '시작時作'으로 구분하여 기록하고 있다.

현재의 토지 소유와 이용 방식에 익숙한 독자들이라면, 양안에 주主로 이름을 올린 사람은 해당 필지의 소유주이고, 작作으로 이름을 올린 사람은 이를 빌려서 경작하는 사람이라고 생각하는 것이 당연하다. 앞서 살펴본 대로 현재의 토지대장에는 소유주의 이름이 기재된다. 실제로 양안에 대한 초기 연구에서는 조선시대 양안에 기재된 사람의 이름은 해당 필지의 소유주이거나 적어도 이를 소유하는 농가세대를 대표하는 사람의 것이라고 간주하고 양안에 대한 분석이 이루어졌다.

그런데 양안에 대한 연구가 진척되는 과정에서 사태가 이렇게 단순하지 않다는 사실이 점차 드러났다. 우선 양안과 족보, 고문서 등을 활용한 연구를 통해 농가세대의 대표자가 아니더라도 양안에 주主로 이름을 올릴 수 있다는 사실이 밝혀졌다. 한 농가세대의 토지가 여러 명의 이름으로 나뉘어서 양안에 등재되거나(분록分錄), 여러 사람의 토지가 하나의 이름으로 올라가거나(합록合錄), 다른 사람의 이름으로 등재되는(대록代錄) 경우가 광범위했다는 점이 확인되었다. 나아가 양안에 기재된 이름이 반드시 실명實名을 사용한 것이 아니라는 사실도 드러났다.

이와 같이 양안에 기재된 이름이 현대의 토지대장에서 소유주를 등재하는 것과 성격이 같다고 보기 어렵다는 사실은 양안의 성격에 대한 첨예한 논쟁으로 이어졌다. 양안에 대한 초기

연구에서 전제한 바와 같이 조선시대 양전사업을 통해 국가가 토지의 소유자를 파악했고, 그 결과 양안이 토지 소유권을 확인하고 보호하는 일종의 등기부와 같은 역할을 했다는 인식은 사실상 허구에 가깝다는 비판이 제기되었다. 이러한 입장을 따르는 연구자들은 양전은 국가가 세금을 거두기 위해 토지를 파악하는 작업이었으며, 이러한 목적에서 만들어진 양안은 토지 소유권과는 무관한 국가의 수세장부였을 뿐이라고 주장했다.

이 글에서 양안에 등재된 주主에 대한 다양한 해석과 양안의 성격에 대한 복잡한 쟁점들을 상세하게 소개하거나, 이에 대해 나름의 견해를 제시하기는 어렵다. 다만 이러한 연구를 통해서 조선시대 양안이 현대의 토지대장과 비슷한 듯하면서도 성격이 상당히 다를 수 있다는 점은 분명히 밝혀진 셈이다. 그러나 양안에 올라간 사람들의 이름이 비록 실명이 아니거나 분록, 대록, 합록이 일반적으로 일어나고 있었다고 하더라도 해당 필지와 전혀 무관하지는 않았을 것이며, 적어도 해당 필지의 납세와 밀접한 관련을 맺었을 것이라는 사실은 변함이 없다. 여기에서는 이러한 사실을 바탕으로 조선시대 양안에서 해당 필지에 대해 이름을 올린 사람들을 지칭하는 용어와 양안에 이름이 기재되는 방식의 변천을 개괄하는 데 초점을 맞추어 설명하면서 양안에 이름을 올린다는 것이 어떤 의미였는지에 대해 간략히 살펴볼 것이다.

다시 위의 예시로 돌아가면, 해자 5번 토지에 대해 '시주時主 역위驛位, 시작時作 이익환李益煥'의 형식으로 사람의 이름을 기재했음을 확인할 수 있다. 해자 1번 토지는 시주와 시작 아래에 '박경수朴敬守'라는 사람의 이름을 하나만 기재하였는데, 이는 시주와 시작이 박경수 본인으로 같다는 의미이다. 광무양안에서는 이와 같이 필지마다 시주와 시작을 나누어 파악했으며, 사람의 이름을 기재할 때 '성+이름'의 형식을 따랐다. 그런데 조선시대의 모든 양안이 이와 같은 양식을 따르지는 않았다. 양안에 이름을 올린 사람을 시주 혹은 시작으로 지칭하거나, 사람의 이름을 기록할 때 '성+이름'의 형태를 택한 것은 광무양안에 이르러서이며, 이전 시기 양안에서는 시기에 따라 서로 다른 용어와 이름 기재 방식이 사용되었다.

현재 남아 있는 가장 오래된 양안인 숙종대 경자양안에서는 대한제국기 광무양안과는 다른 형태로 사람의 이름을 기재했다.

위의 그림은 1722년에 작성된 경상도 용궁현의 경자양안의 일부이다. 우선 광무양안이 시주와 시작이라는 용어로 토지의 등록자를 지칭한 것과 달리 경자양안에서는 기주起主와 진주陳主라는 용어를 사용했음을 알 수 있다. 여기서 기起는 현재 경작

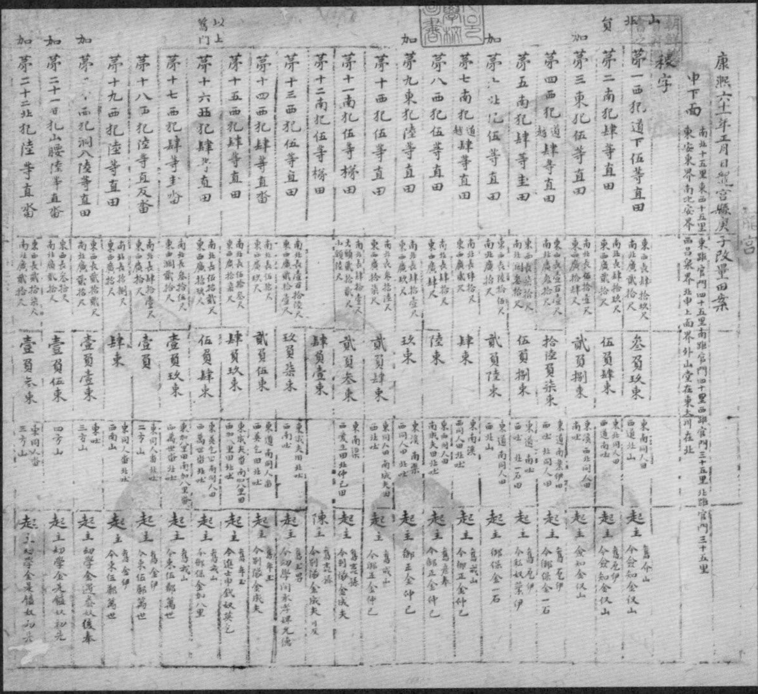

그림 21 『용궁현경자개량전안』, 서울대학교 규장각한국학연구원 소장

하는 토지라는 의미이며, 반대로 진陳은 경작하지 않는 토지라는 뜻이다. 경작하지 않는 묵은 토지를 가리키는 진전陳田이라는 용어와 같은 의미이다. 경자양전 당시 작성된 양안 가운데 전라좌도의 경우는 기주 대신에 기起라는 표현을 사용하기도 하였다. 이 경우 기起는 단순히 기주를 줄여서 표현한 것이라고 이해할 수도 있으나, 기주와 진주라는 용어를 사용하는 양안의 경우에서도 주인이 없는 진전에 대해서만 진주가 아니라 진陳이라는 표현을 사용하고 있어서 기와 기주라는 용어 사용에 아무런 차이가 없는 것인지 단정하기는 어렵다.

이름을 기재하는 형식에도 차이가 있었다. 위의 예시에서 확인할 수 있는 바와 같이 경자양안은 기주를 구舊와 금今으로 구분하여 두 가지 이름을 각각 기재하였다. 여기에서 금今이 의미하는 바는 당연히 경자양전 당시에 파악한 사람을 가리키며, 구舊로 지칭된 사람은 과거 인조대에 작성한 갑술양안에 실려 있던 이름이다. 흥미로운 것은 경자양안에 기재된 갑술양안에 실린 이름과 경자양전으로 새로 파악한 이름을 기재하는 형식이 서로 다르다는 사실이다. 경자양안에 구舊로 기재된 갑술양안에 등재된 이름들은 모두 성이 없이 이름만 기록하는 형식인 것과 달리 경자양안에서 새로 파악된 이름들은 성과 이름을 모두 갖추었을 뿐만 아니라 그 앞에 직역職役까지 붙여 기록했다.

정리하면 갑술양안에서는 성이 없는 이른바 '명자名字'의 형태로 이름을 기록했다면, 경자양안에서는 일반적으로 '직역+성+이름'의 형태로 이름을 기록했다. 광무양안은 앞서 살펴본 대로 이와 다른 '성+이름'의 형태를 택했다.

양안에 등록되는 사람의 유형과 이를 지칭하는 용어, 이름을 기록하는 형식 등이 달라졌던 이유는 양전이 이루어진 시기에 따라 사회의 경제적 구조와 양전사업을 주관하는 국가의 목표와 주안점이 조금씩 달라졌기 때문일 것이다. 17세기 전반에 작성된 갑술양안은 성이 없는 명자의 형태로 이름을 기록했다. 갑술양전 이후인 효종 때 복간된 양전 지침서인 『전제상정소준수조획』에서도 여전히 양안에 기록되는 이름을 가리킬 때 '전부佃夫의 명자名字'라는 표현을 사용하고 있었다. 그리고 온전하게 남아 있는 갑술양안이 없기 때문에 정확히 확인하기 어렵지만, 몇 가지 남은 자료로 볼 때 갑술양안에서는 경자양전의 기주/진주나 광무양전의 시주/시작과 같이 등록된 사람을 가리키는 용어가 별도로 사용되지 않았던 것 같다. 일부 자료에서는 이름 앞에 '시時'라는 용어를 사용한 사례가 보이기도 한다.

이러한 상황은 아직 성姓을 보유하지 않는 사람들이 상당수 존재하는 사회 현실을 반영한다. 그리고 노비노동에 근거한 농장이 일반적이던 조선 전기 이래의 농업 상황을 감안할 때 대개 양반가의 경제적 행위를 대변하는 호노戶奴의 이름에 연원을 둔 이른바 '호명戶名'이 양안에 등재되던 관행이 영향이 지속된 것으로 추정된다. 주主라는 용어를 사용하지 않았던 것은 전부佃夫라는 용어가 대변하는 바와 같이 모든 토지가 국가 혹은 국왕의 소유이며 토지를 경작하는 농민들은 이를 국왕으로 받아 빌려 사용한다는 왕토사상의 이념이 상경농법이 온전히 정착하지 않고 개간이 가능한 토지가 광범위하게 존재하여 경작과 무관한 토지의 소유 그 자체가 별다른 경제적 의미를 갖지 않았던 상황과 맞물려 여전히 강력하게 작용하고 있었기 때문일 것이다. 물론 갑술양안을 작성한 17세기 전반은 조선 전기와 비교할 때 농업 현실이 이미 상당히 달라졌을 가능성이 크다. 임진왜란 이전의 토지 결수를 확보하는 것이 갑술양전의 가장 큰 목표였기 때문에 이와 무관한 사람과 관련한 항목은 이전 시기의 관행을 그대로 따른 결과일 수도 있다.

경자양전은 이와 매우 다른 양상을 보인다. 우선 앞서 살펴본 대로 경자양안은 새로 파악한 주主의 이름과 함께 이전 시기 갑술양안에 올라있던 이름을 '구주舊主'라는 지칭으로 나란히 기재했다. 경자양전 당시의 양전 지침에는 "각 전답의 지번 위에 구舊 자번을 기록하고, 진기陳起 아래에는 구금舊今의 주명主名을 병기하여 혼잡과 분란의 폐를 없앨 것"이라는 규정이 있었다. 구주舊主 없이 금주今主만 기재된 필지는 갑술양안에는 등재되지 않았다가 경자양전을 통해 새로 파악된 이른바 가경전加耕田으로, 이러한 필지 위에는 가경전이라는 사실을 표시하는 '가加'라는 표식이 붙어 있음을 확인할 수 있다. 이처럼 금주와 구주를 모두 기재한 것이 경자양전의 매우 큰 특징이다. 주主라고 하는 용어가 명확하게 사용된 것 역시 경자양전에서 주목할 부분이다. 경자양안은 양안에 이름을 올리는 사람의 이름을 분명하게 '주명主名'이라고 불렀으며, 기주起主와 진주陳主라는 용어 아래 주의 이름을 기재하도록 했다. 경작하지 않는 진전의 경우에도 반드시 주명을 기록하도록 했으며, 주인이 없는 땅에는 무주無主라고 기록했다.

이름을 기재하는 형식 또한 이전 시기와 달랐다. 갑술양안이 이름만을 기록하는 명자의 형식을 따랐던 것과 달리 경자양안은 일반적으로 '직역+성+이름'의 형태로 이름을 올렸다. 경자양안에 기재된 직역에 대한 연구에 따르면, 이름 앞에 나타난 직역들이 호적상의 직역을 의미했음이 분명하다고 한다. 경자양안과 비슷한 시기의 호적이 같이 남아 있는 지역에서 양안과 호적을 비교한 연구에서는 양안에 주主로 등장하는 이름 가운데 상당수가 토지가 소재한 주변 지역의 호적에서 발견된다는 사실이 확인되었다. 직역과 성명을 양안에 기재하도록 한 조처는 국가가 경자양전 당시 양안과 호적을 연계하여 파악하고자 했음을 보여 준다. 호적에 오른 이름을 국가적으로 공인된 개인의 실명實名으로 간주할 수 있다고 한다면, 경자양전에서 국가는 원칙적으로 기주의 실명을 양안에 기재하려 했다고 볼 수 있다. 나아가 호적의 실명을 양안에 기재하려 했던 데에서 양안과 호적이라는 두 장부를 통일적으로 생산하고 관리하려는 국가의 의지를 엿볼 수 있다.

경자양전은 주主라는 호칭을 분명히 사용하면서 이전 시기 양안의 구주와 금주를 모두 기재하였으며, 호적과 연계하여 '직역+성+이름'의 형태로 주主의 실명을 기록하고자 하였다. 이러한 양상은 민간의 토지 소유에 대한 인식이 보편적으로 확립되는 농업 경제의 현실을 반영하는 것으로 보인다. 토지의 매매가 일상적인 현상이 되고 다양한 이유에서 토지 소유를 둘러싼 소송이 만연하는 상황에서 국가는 토지를 경작하고 세금을 납부하는 사람을 주主로 인정하고 구주와 금주를 양안에 모두 기재하여 토지에 대한 권한을 증빙하는 확고한 근거를 마련함으로써 혼란을 방지하고자 했다. 경작하지 않는 토지라도 주主가 존재한다는 사실이 이제 명확해졌다.

또한 새로 개간되는 토지가 늘어나는 동시에 오랜 기간 경작하지 않거나 지리적 변화로 더 이상 경작이 불가능한 토지들

또한 생겨나고 있었다. 국가는 새로 개간한 토지를 파악하여 양안에 등재하는 한편, 과거 양안에 올랐던 적이 있는 토지들도 계속해서 양안에 올리도록 하였는데, 이로써 경작 여부를 기준으로 진전과 기전을 구분하는 것이 중요해졌다. 다른 한편으로 조선은 17~18세기를 거치면서 부세정책에 커다란 변화를 겪었다. 특히 대동법의 제정과 확대를 계기로 다양한 부세가 토지로 집중되는 현상이 발생했다. 경자양전을 통해 호적과 양안이라는 두 장부를 통일적으로 연계하려는 시도는 이러한 상황에서 토지와 인구의 관계를 가능한 정확하게 파악하려는 국가의 의지를 보여 준다.

대한제국기에 작성한 광무양안은 시주^{時主}와 시작^{時作}이라는 용어를 사용했으며, 직역 없이 '성+이름'의 형식으로 이름을 기재했다. 경자양안과 같이 과거 양안에 실린 주의 이름을 함께 기재하지 않았으며, 경작 여부를 기준으로 진기^{陳起}를 구분한 것을 주를 가리키는 용어로 붙여 사용하지 않았다. 그 대신 광무양전에서는 양안의 등록자를 가리킬 때 '시^時'라는 글자를 붙여 시주^{時主}라는 용어를 사용하였으며, 이와 함께 시작^{時作}이라는 용어로 작인의 이름을 나란히 기재하였다. 이러한 변화는 우선 18세기 전반과 달리 이 시기 양전사업에서는 진전과 기전의 구분이 큰 의미를 갖지 않았음을 보여 준다. 실제로 광무양안에는 경자양전과 비교할 때 상대적으로 훨씬 적은 숫자의 진전만이 등재되어 있다.

진기를 구별하는 용어 대신에 사용된 '시時'라는 글자는 대개 '임시' 혹은 '현재'라는 의미로 이해되고 있다. 일부에서는 시時라는 글자에 담긴 '임시'라는 의미를 강조하여 이것이 대한제국기에 이르러서도 모든 토지를 국가 혹은 국왕의 소유로 생각하고 민간의 사적 소유를 부정하는 왕토사상의 이념이 강하게 남아 있었음을 보여 주는 근거라고 주장하기도 한다. 그러나 시時라는 글자는 조선 초기부터 양안에서 꾸준히 사용되던 것으로, 이 글자에 담긴 의미가 왕토사상과 관련되어 있다 하더라도 광무양전 당시에 특별한 의도를 갖고 의식적으로 사용된 것은 아니었을 가능성도 크다.

광무양안에서 시주와 함께 시작의 이름을 별도로 나란히 기재했다는 사실도 매우 큰 특징이다. 이전 시기 양안에서는 주主이외의 작인作人의 이름을 공식적으로 용어를 갖추어 명확하게 기재한 사례가 존재하지 않았다. 경자양안의 경우 아주 드물게 금주의 이름 아래에 '시時'라는 용어를 붙여 추가로 인명을 기재한 사례들이 존재하는데, 이러한 형태로 이름을 올린 사람은 광무양안의 시작과 같은 성격이었을 것이다. 또한 왕실이나 국가기관이 소유한 토지를 특정하여 작성한 양안들에서 시時나 작

作과 같은 글자로 지칭되어 이름이 기재되는 사례들이 있다. 이 경우는 왕실이나 국가기관이 주主인 토지들만을 대상으로 작성한 양안이므로, 굳이 주를 다시 기재할 필요가 없으며, 오히려 경작자들의 이름을 기재하는 것이 더 양안 작성의 목적에 부합한다. 광무양전이라는 국가적 규모의 사업에서 시주와 함께 시작이 공식적으로 기재되었다는 사실은 소유와 경작의 분리에 대해 국가가 공인하고 작인들의 권리와 책임 또한 법제화하고자 했음을 보여 준다.

다른 한편으로 직역 없이 '성+이름'의 형태로 기재되는 이름의 성격 또한 경자양전과 매우 크게 달라졌다. 경자양안에 '직역+성+이름'의 형태를 갖추어 호적에 등재된 실명을 싣고자 했던 국가의 시도는 오래 지속되지 않았다. 이미 영조대에 진전陳田을 대상으로 작성한 이른바 사진양안査陳量案에서는 대부분의 필지가 경자양안의 기재 양식인 '직역+성+이름'을 따르지 않았다. 19세기 중엽에 작성된 읍 양안에서도 상황은 마찬가지였다. 양안에 기재된 이름은 점차 족보는 물론 호적에서도 찾아보기 어려운, 양안에만 등장하는 이름이 되어 갔다. 갑술양전까지 사용된 명자 형태의 이른바 호명戶名과 경자양전에서 채택한 호적에 기재된 실명實名과 비교하여, 양안에만 기재되는 이러한 이름을 가리켜 양명量名이라 부르기도 한다.

이러한 변화는 광무양전 단계에 이르러 국가에 의해 공식적으로 인정되었다. 1899년(광무 3)의 '양지아문시행조례量地衙門施行條例'에서는 "전답의 시주가 아침저녁으로 바뀌며 한 집안이라도 재산을 달리하니 전답주의 성명은 따져 묻지 말고 민인의 편의를 따르게 할 일." 이라고 하여 특별한 제약 없이 양명의 사용을 허용하였다. 실제로 광무양안과 식민지시기 토지조사사업을 작성한 토지대장을 비교한 연구에 따르면, 광무양안에 사용된 양명은 실명이 아닌 것이 대부분일 뿐 아니라 한 명의 개인 혹은 하나의 농가세대가 수십 개 이상의 양명을 등록하는 사례가 있을 정도로 특정한 개인이 사용하는 양명의 종류나 개수에 아무런 제약이 없었다고 한다. 광무양안의 이름 기재 형식은 국가가 경자양전 이후 양안과 호적의 연계를 더 이상 고집하지 않았음을 보여 주며, 이렇게 양안과 호적이 연계되지 않는 상황에서도 국가는 부세 행정에 별다른 문제를 느끼지 않았다는 사실을 짐작하게 해 준다.

3
___

조선시대 양전의
역사

조선시대 국가 운영의 토대가 되는 기본 법전인『경국대전』
에는 '양전'에 대해 다음과 같은 규정이 마련되어 있었다.

> 모든 토지(田)는 6등급으로 나누며, 20년마다 다시 측
> 량하여 장부를 만들어 호조戶曹, 각 도道, 각 고을(邑)에
> 보관한다.
>
> -『경국대전』「호전」 양전

우선 양전의 대상은 당연히 '토지(田)'이다. 여기에서 "토지"
는 한자로 전田을 우리말로 옮긴 것인데, 엄밀하게 말하면 자연
상태에서 존재하는 모든 땅 전부를 가리키는 것은 아니다. 조선

시대에는 국가가 유형과 용도에 관계없이 한 치도 빠짐없이 지표 위에 존재하는 모든 땅을 파악하지 않았다. 인간의 손길이 닿아서 무언가 가치를 지닌 땅만이 국가가 세금을 부과하기 위해 파악하는 대상이 된다. 쉽게 말해 경작이 이루어지는 논과 밭 같은 농지라고 할 수 있겠지만, 농지 외에도 사람이 거주하는 집터나 갈대밭, 경제적 목적으로 사람이 조성한 나무숲 등도 포함될 수 있다. 여기에서는 일단 양전의 대상인 전을 '토지'라고 옮기고 위와 같은 의미로 이해하기로 한다.

모든 토지는 6등급으로 나눈다. 국가가 토지를 파악하는 목적은 세금을 거두기 위해서인데, 토지들마다 당연히 생산성에 차이가 있기 마련이므로 모든 토지에 단일한 세금을 부과할 수는 없다. 토지를 이렇게 6개의 등급으로 구분하는 방식은 세종 대 공법을 제정하면서 도입되었다. 공법이 제정되기 이전에는 고려시대로부터 내려오는 방식에 따라 상중하의 3등급으로 토지를 나누었다. 세종은 3등급의 토지 구분이 정확하지 않다고 판단하여 훨씬 더 세분화되고 엄밀한 6등급의 구분법을 마련했다. 이것이 이른바 "전분田分 6등"이라고 하는 것이다. 세종 대 제정한 공법과 6등급을 나누는 기준은 양안을 이해하는 데 매우 중요한 주제이므로 뒤에서 자세하게 설명할 예정이다.

토지를 측량하여 장부를 만드는 과정을 양전이라고 하고,

이렇게 만들어진 장부를 양안이라고 한다. 위의 규정에 따르면 양전은 20년마다 1번씩 새로 실시해야 했다. 그리고 규정에 명시된 것은 아니지만 양전은 오늘날의 시 혹은 군에 해당한다고 할 수 있는 군현郡縣을 단위로 시행되었다. 규정에 언급된 '읍邑'은 양전이 이루어지는 단위인 군현을 의미한다. 양전을 통해 만들어진 양안은 모두 3부를 제작하여 국가 재정 운영을 총괄하는 호조, 해당 군현, 군현이 소속된 도에 각각 보관하도록 했다.

20년마다 다시 양전을 한다는 규정은 조선시대에 거의 지켜지지 않았다. 전국 단위로 양전을 하는 데에는 막대한 비용이 소요되었기 때문에 실제 양전은 20년을 훨씬 넘긴 이후에 시행되는 경우가 많았고, 전국을 대상으로 하기보다는 대개 농업이 발달하여 국가 재정에서 차지하는 비중이 큰 충청, 전라, 경상의 이른바 '삼남' 지방을 위주로 양전이 이루어졌다. 그럼에도 국가의 기본 시스템을 설계해 나가던 조선 전기에 20년마다 새로 양전을 해야 한다는 규정을 마련하여 『경국대전』에 명문화했다는 사실은 매우 큰 의미를 지닌다. 20년마다 양전을 해야 한다는 『경국대전』의 규정은 조선시대 내내 양전의 필요성을 주장하는 이들의 핵심적인 근거가 되었다.

여기에서 『경국대전』에 마련된 양전 규정의 세부 사항을 조금 더 살펴보기로 하자. 아래 그림에 보이는 바와 같이 『경국대전』양전 규정 아래에는 더 작은 글씨로 세부적인 사항을 설명하는 내용이 딸려 있다. 우선 등급을 나누는 기준과 결부법에 대한 설명이 나오는데, 이 부분은 매우 복잡하므로 일단 넘어가고, 그 아래에 규정된 내용을 먼저 살펴보자.

> 늘 경작하는 토지를 정전正田이라고 하고, 경작하기도 하고 묵히기도 하는 토지를 속전續田이라고 한다. 정전이라고 하지만 토질이 척박하여 곡식이 여물지 않는 경우와 속전이라고 하지만 토질이 비옥하여 생산량이 배로 더 많은 경우에는 수령이 장부에 기록해 두었다가 관찰사에게 보고하고 다음 식년式年에 개정한다.
>
> ─『경국대전』「호전」 양전

조선 전기에는 아직 모든 토지를 매해 경작하는 단계에 이르지 못한 상황이었다. 그래서 항상 경작하는 토지와 경작했다가 묵혔다가를 반복하는 토지가 함께 존재했다. 물로부터 영양분을 공급받을 수 있는 논과 달리 밭의 경우는 거름을 보강하는 시비가 충분히 이루어지지 않는다면 매해 경작하는 것이 쉽지 않았다. 세금을 거둘 때 이를 고려해야 하는 것은 당연한 일이었기 때문에 양전에서는 항상 경작하는 토지인 정전과 해마다 경

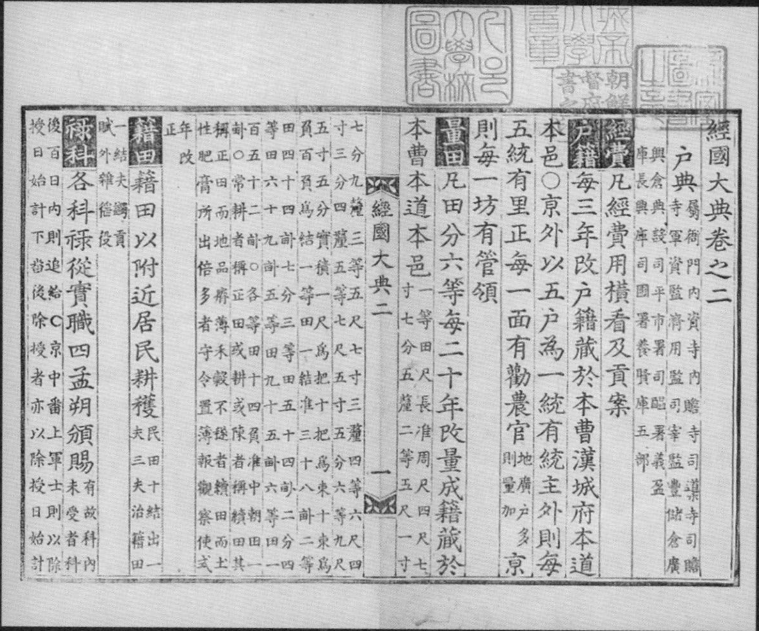

經國大典卷之二

戸典

諸寺觀門內賓廳寺司
興倉寺軍資監藥寺司饔
長倉典農寺寶平市署供
庫典賢庫司圃署養廣
　　賢庫養賢庫五部盆

經費
凡經費用橫看及貢案

戸籍
每三年改戸籍藏於本曹漢城府本道
本邑○京外以五戸為一統有統主外則每
五統有里正每一面有勸農官〔地廣戸多則京加〕
則每一坊有管領

量田
凡田分六等每二十年改量成籍藏於
本曹本道本邑〔一等田尺長准周尺五尺七寸四〕

七分
五寸三分
百四寸五分
百六十四尺
田結實一負
　　　　一等
　　　　二等
　　　　三等
　　　　四等
　　　　五等
　　　　六等

〔經國大典二〕　　〔一〕

年改　正田常耕而地品多者守令置不簿
性肥膏所出倍　者稱陳田其自陳者準貢實田爲隱田觀察使其土其
　賦外雜役夫役

籍田
籍田以附近居民耕穫〔夫民三夫治籍田一夫治田〕

祿科
各科祿從實職四孟朔頒賜〔未受祿者以故科内〕
授後百日始計内則曰退給○授京者亦以除授日則始計除

그림 22 『경국대전』「호전」양전, 서울대학교 규장각한국학연구원 소장

작하지 못하는 속전을 구분하는 일이 매우 중요했다. 그런데 이러한 정전과 속전은 자연환경의 변화, 농업기술의 발달, 농부의 노력 여하에 따라 그대로 고정되어 있지 않고 바뀔 수 있었다.

위의 규정은 양전을 실시하는 20년 사이에 일어난 정전과 속전의 변화를 수령이 파악하여 장부에 기록했다가 다음 양전을 할 때에 반영하도록 한 것이다. 이 규정은 조선 전기에 왜 20년마다 양전을 새로 실시하도록 규정했는지를 설명해 주는 동시에 조선 후기로 갈수록 왜 국가가 전국적인 규모로 양전을 시행하는 주기가 매우 길어졌는지를 짐작하게 해 준다. 아직 농업 환경이 불안정한 조선 전기에는 적어도 20년마다 새로 파악을 해야 할 만큼 많은 변화가 지속적으로 일어났던 것이다. 반대로 상대적으로 농업 환경이 안정되어 별다른 변화가 나타나지 않는 조선 후기일수록 막대한 비용을 들여 새로 양전을 실시할 필요성이 줄어들 수밖에 없다. 이는 반대로 조선 후기 이후 국가적 규모의 양전을 시행한 경우는 대개 농업과 국가 재정, 사회 구조 등에 커다란 변화가 있었거나 변화가 필요한 시기였다는 사실을 의미한다.

조선시대에는 건국 직전에 이루어진 기사양전으로부터 시작하여 여러 차례의 양전이 시행되었다. 상대적으로 조선 전기에 비교적 짧은 주기로 양전이 이루어졌으며, 임진왜란 이후에 계묘양전(1601-1604)·갑술양전(1634)이 국가 차원에서 이루어졌고, 이후 100년 가까이 지나 경자양전(1720)이 시행되었다. 이후에는 국가가 주도하는 전국적 규모의 양전이 실시되지 않다가 마지막으로 대한제국 시기에 광무양전(1898-1904)이 시행되었다. 그러나 갑술양전을 포함하여 그 이전 시기 양전사업들의 결과물은 현재 남아 있지 않으며, 경자양전과 광무양전을 통해 작성된 양안들만이 전해져 조선시대 양안의 모습을 확인할 수 있게 해 준다.

조선 최초의 양전: 기사양전

> 공양왕 2년(1390) 9월 공公·사私의 토지대장(田籍)을 시가에서 불태우니, 불이 며칠 동안 꺼지지 않았다. 왕이 탄식하고 눈물을 흘리면서 말하기를, "조종祖宗 사전私田의 법이 과인의 대에 이르러 문득 폐지되었으니, 애석하도다!"라고 했다.
>
> – 『고려사』「식화지」1, 전제 녹과전

1388년(우왕 14)에 위화도회군을 통해 국정을 장악한 이성계와 정도전 세력은 고려사회의 여러 문제들을 개혁하기 시작했다. 그 가운데 가장 결정적인 대상은 바로 토지 문제였다. 위화도회군 직후 토지개혁을 요구하는 상소들이 제기되었고, 이를 근거로 하여 전국적인 규모의 양전이 실시되었다. 위에 인용한 내용은 새로운 양전이 완료된 이후 고려사회에서 이전에 작성하여 활용하던 토지대장을 모두 모아 시가에서 불태우는 장면이다. 조선 건국 직전에 이루어져 과전법 제정의 기초가 되는 이 양전사업을 대개 양전이 본격적으로 시행된 해인 1389년을 기준으로 '기사양전己巳量田'이라고 한다.

양전사업이 새로운 국가인 조선을 건국하는 핵심적인 계기가 될 정도로 엄청나게 중요한 일이라는 사실을 다시 확인할 수 있다. 그런데 여기에서 주목할 부분이 하나 더 있다. 고려의 마지막 국왕인 공양왕은 토지대장이 불타는 장면을 바라보면서 고려사회의 근본이라고 할 수 있는 사전私田의 법이 폐지되었다고 탄식한다. 이때 이루어진 양전은 단순히 이전과 같은 방식으로 토지를 다시 측량하고 파악한다는 수준을 넘어 고려시대 토지제도와는 근본적으로 다른 원리에 의해 토지제도를 완전히 바꾸는 차원의 사업이었음을 짐작할 수 있다. 기사양전에서 무엇이 새롭게 바뀐 것일까?

정丁을 만들 때에는 공전公田과 사전私田을 하나같이 모두 없애고, 20결結, 혹은 15결, 혹은 10결로 한다. 모든 고을(邑)마다 정의 호칭[정호丁號]은 천자문으로 표시하고 사람의 성명을 달지 않아서 나중에 거짓으로 조상으로부터 대대로 물려받았다[조업祖業]고 칭하는 폐단을 근절한다. … 공전과 사전의 수조收租는 1결마다 쌀(米) 20두斗로 하여 백성의 삶을 넉넉하게 한다.

— 『고려사』「식화지」1, 전제 녹과전

조준은 1388년에 새롭게 실시하는 양전의 원칙을 위와 같이 제안했다. 위의 내용과 공양왕의 언급을 서로 비교해 보면, 가장 두드러지는 지점은 바로 새로운 양전에서는 공전과 사전의 구별을 완전히 없앤다는 것이다.[6] "정을 만든다"는 것은 여러 개의 필지를 일정한 기준에 따라 하나의 단위로 묶는다는 의미이다. 고려시대에는 공전은 공전끼리, 사전은 사전끼리 정으로 묶어 관리했을 뿐만 아니라 정의 크기도 제각기 달랐는데, 기사양전을 통해 공전과 사전의 구분 없이 모든 토지를 일괄적으로 20, 15, 10결 단위로 묶기로 한 것이다.

사전을 없앤다는 원칙은 모든 토지를 20, 15, 10결 단위의 정으로 묶는 조치와 함께 이렇게 묶인 정의 호칭을 바꾸는 방향으로 나아갔다. 고려시대에는 사람의 성명을 정호丁號(정을 가리키는 호칭)로 사용했다. 아마도 해당 토지로부터 세금을 거두는 권한을 지닌 사람의 성명이 정호로 사용되었을 가능성이 크다. 예를 들어 조준이 국가로부터 받아 세금을 거두는 토지는 조준의 이름을 따서 '조준정趙浚丁'이라고 하거나, 그의 가문에서 대대로 물려받은 토지라면, '조인규정趙仁規丁'과 같이 조상의 이름이 붙어 내려왔던 것이다.[7] 기사양전에서는 사람의 이름을 정호로 사용하지 못하게 하고, 천자문의 글자를 대신 사용하도록 규정했다. '자호字號'라는 용어가 바로 여기에서 비롯하는 것이다.

기사양전은 고려시대 토지제도에서 핵심적인 위상을 지녔던 사전을 없애고 국가가 모든 토지를 일원적으로 파악하고 관리하는 체계를 처음으로 확정했다는 의의를 가진다. 조선 건국의 주역들은 고려시대 토지대장을 가리켜 "공사전적公私田籍"이라고 불렀는데, 이로 미루어볼 때 고려시대에는 공전과 사전의 구분을 따라 토지대장이 각각 별도로 작성되었을 가능성도 있다. 기사양전에서는 공전과 사전의 구분을 없앤다는 원칙에 기초하여 모든 토지를 일정한 규모의 정으로 묶어 파악했으며, 이러한 정의 호칭으로 사람의 성명 대신 천자문의 글자를 사용했다. 기사양전을 통해 고려시대와는 구분되는 토지제도 운영의 원리와 이에 부합하는 토지대장의 원형이 새롭게 등장한 것이다. 이러한 의미에서 비록 조선 건국 이전에 이루어진 것이기는 하지만, 기사양전을 조선시대 최초의 양전사업이라고 부를 수 있다.

조선시대 양안의 원형: 태종부터 성종까지

조선 건국 직전인 1389년 기사양전에서는 공전과 사전을 구분하지 않고 국가가 모든 토지를 일원적으로 파악하면서 사람의 이름 대신 천자문을 정호로 사용하는 커다란 변화가 있었다. 그러나 한 번의 조치만으로 고려 이래 국가의 토지제도와 토지조사 방식을 근본적으로 바꿀 수는 없었다. 조선 건국 이후 태종 대부터 세종 대에 걸쳐 토지의 조사 방식과 토지에 부과하는 세금의 원리가 점차 확립되었다. 이 시기 동안 1자 5결의 원칙, 6등 전품田品의 구분에 기초한 결부제와 같은 조선시대 양안의 원형이 확립되었다. 세조 대부터 성종 대에 이르기까지는 앞 시기에 이루어진 제도적 혁신에 기초한 양전이 전국적인 규모로 실시되었으며, 그 과정에서 양전에 관한 제도와 규정이 체계적으로 정비되었다.

고려시대에는 휴한농법이 일반적이었기 때문에 농사를 짓는 토지와 농사를 짓지 않거나 해를 걸러 농사를 짓는 토지들이 섞여서 존재하기 마련이었다. 이 시기 국가는 경작지를 위주로 군데군데 불연속적인 방식으로 토지를 파악하거나 농사를 짓는 토지와 짓지 않는 토지를 경작지를 기준으로 한데 묶어 일괄적으로 파악했다. 이러한 양상을 아래와 같은 그림으로 표현할 수 있는데, 색칠한 원형이 국가가 정으로 파악하는 경작지이며, 주변의 나머지 흰 부분은 경작하지 않는 토지로 국가는 이를 별도로 파악하지 않았다. 오른쪽 위 토지의 경우 경작지 안에 경작하지 않는 부분이 섞여 있는데, 이러한 경우 경작지와 미경작지를 하나로 묶어 파악하되, 미경작지가 섞여 있는 사정을 감안하여 세금을 부과했을 것이다.

조선을 건국한 주체들은 고려 이래의 이러한 토지 파악 방식을 지양하고 이어지는 모든 토지를 연속적으로 남김없이 조

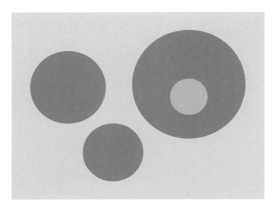

그림 23 고려시대 토지 파악

사하여 파악하고자 했다. 그러나 고려 말 기사양전에서는 여전히 경작지와 미경작지를 이원적으로 구분하여 파악하는 데 그쳤다. 모든 토지를 놓인 위치에 따라 빠뜨리지 않고 순차적으로 조사하여 일괄적으로 파악하는 새로운 양전 방식이 처음 도입된 것은 1405년(태종 5)에 이르러서였다. 태종 5년에 실시한 이른바 '을유양전'에서는 "각도의 토지를 모두 아울러 측량하는데 진황지(荒, 농사를 짓지 않는 토지)와 기간지(闢, 농사를 짓는 토지)를 막론하여 정을 만들어 대장을 작성하고 세를 거둔다"는 원칙이 처음으로 채택되었다(『태종실록』 태종 5년 9월 10일).

을유양전에서는 1개 자호로 묶은 정의 크기를 5결로 확정하는 조치도 함께 이루어졌다. 1자 5결의 원칙이 이때 확립되었고, 한 자호 안에 연속된 위치에 따라 경작지와 미경작지가 함께 포함됨으로써 지번의 역할 또한 중요하게 대두되었다. 1자 5결의 원칙, 자호·지번으로 구분되는 연속적으로 이어진 필지라는 조선시대 양안의 원형이 비로소 마련되었다. 이후 세종 대에 이르러 일부 오래 묵은 진전을 따로 타량하여 속적續籍이라는 이름으로 별도의 장부를 만드는 방식으로 다소 완화되기는 했으나, 경작지와 미간지를 일괄적으로 작정하는 토지 파악과 양안 작성의 원칙은 변함없이 유지되었다. 이러한 변화를 다음과 같은 그림으로 표현할 수 있다.[8]

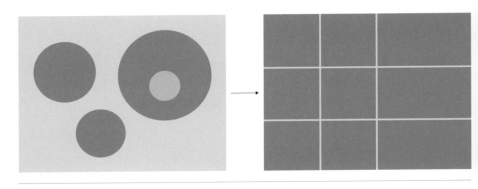

그림 24 조선 건국 이후 토지 파악 방식의 변화

　　태종 대 양전사업에는 양전 방식의 변화와 함께 조선 건국
이후 전국 규모의 양전이 비로소 이루어졌다는 의의가 있다.
1405년 경상도, 전라도, 충청도 양전에 이어 1406년에는 강원
도, 경기도, 황해도의 양전이 이루어졌고, 이어서 1411-1413년
에는 동서 양계(평안도와 함경도)와 제주도에서도 양전이 실시되
었다. 세종 대에는 태종 대 양전사업의 뒤를 이어 1420년대 내
내 전국 규모의 양전을 다시 시행하는 동시에 조선시대 토지제
도와 부세제도의 핵심적인 기초가 되는 공법이 제정되었다. 공
법의 제정을 통해 1결에 20두를 수취하는 조선시대 토지세가
확정되었으며, 6등 전품의 구분에 기초하는 새로운 결부제가
확립되었다.

　　앞서 살펴본 바와 같이 조선시대에는 결부제라는 고유한 토

지 측정의 단위가 사용되었다. 결부제는 일찍이 삼국시대부터 기록에 나타나는데, 조선이 물려받은 고려 후기의 결부제에 이르러서는 세금의 수취량을 기준으로 정의되는 방식으로 운영되고 있었다. 고려 후기의 결부제는 상·중·하의 3등으로 등급을 나누고 같은 결부에 대해 같은 세금을 부과했는데, 각 등급의 척도는 농부의 손가락 길이를 기준으로 정해졌다고 한다. 조선은 건국 이후에도 고려 후기 이래의 결부제를 그대로 사용하고 있었다.

세종은 상·중·하 3등급의 구분이 토지의 비옥도 차이를 세밀하게 반영하지 못할 뿐만 아니라 농부의 손가락 길이를 기준으로 하는 고려 결부제의 척도가 근거가 전혀 없고 정확하지도 않다고 판단했다. 세종이 제정하고자 했던 공법은 매해 실제 토지의 경작 여부와 풍흉을 직접 조사하지 않고 모든 토지에 일정한 세금을 거두는 세법인데, 이러한 방식의 토지세 수취를 위해서는 토지의 비옥도 차이를 세심하게 고려하여 형평성을 보장할 수 있도록 등급을 정확하게 구분할 필요가 있었다. 1427년(세종 9년)에 시작한 공법에 대한 논의는 거의 20년에 가까운 시간이 지난 세종 재위 후반에 이르러 마무리되었다.

우리나라는 고려의 오랜 방식에 따라 토지를 세 등급

으로 나누고 사방의 길이만 잴 뿐 면적을 계산하지 않습니다. 토지의 비옥도가 남과 북이 다른데도 전품田品을 나눌 때 팔도를 통틀어 계산하지 않고 오직 도별로 나눌 뿐입니다. 그리하여 3등급의 토지는 비옥함과 척박함이 서로 다르고 납세의 경중도 크게 다르니, 부자는 더욱 부유해지고 가난한 자는 더욱 빈곤하게 되어 심히 옳지 않습니다. 여러 도의 전품을 전체적으로 살펴 6등급으로 나눈다면, 전품이 바로잡히고 수세가 균등해질 것입니다.

20두로 같은 세금을 납부하도록 결을 정하면, 6등 전지의 1결은 1백 52무畝, 5등 전지의 1결은 95무, 4등 전지의 1결은 69무, 3등 전지의 1결은 54무 2분, 2등 전지의 1결은 44무 7분, 1등 전지의 1결은 38무가 되고, 세금을 거두는 양은 상상년은 20두, 상중년은 18두, 상하년은 16두, 중상년은 14두, 중중년은 12두, 중하년은 10두, 하상년은 8두, 하중년은 6두, 하하년은 4두가 됩니다.

　　　　　　　　　　　　－『세종실록』세종 26년 11월 13일

위의 내용은 1444년(세종 26)에 확정된 공법의 내용이다. 첫 번째 내용은 고려 이래로 사용해 온 3등급의 구분법이 부정확하다는 점을 지적하고 전국을 통틀어 6등급의 새로운 전품을 마련한다는 점을 설명한다. 두 번째 내용은 다소 복잡하지만 요약하면 1등부터 6등에 이르기까지 결부가 같으면 모두 20두를 납부할 수 있도록 비옥도의 차이를 고려하여 면적을 다르게 한다는 것이다. 6등의 토지는 1등 토지보다 면적이 4배 넓게 설정되어 있다. 그리고 세금은 1결에 20두인데, 해마다 풍흉에 따라 9등급으로 구분하여 세액을 다르게 한다는 것이다. 이것이 이른바 "전분 6등, 연분 9등"의 공법이다.

이렇게 정해진 면적에 따라 한 면을 100척으로 하는 정방형 토지가 1결이 되도록 등급마다 각기 척도를 정한다. 『경국대전』에 실려 있는 양전에 사용하는 6등급의 척도가 바로 이렇게 마련된 것이다. 1제곱척 면적의 토지를 1파把로 정하고, 10파가 1속束, 10속이 1부負, 100부가 1결結인 결부법의 토지 단위는 이러한 과정을 통해 수치상의 근거를 확보하게 되었다.

모든 토지는 6등급으로 나누며 20년마다 다시 양전을 하여 장부를 만들고 호조와 각 도, 각 고을에 보관한다. 1등전 척尺의 길이는 주척周尺 4척 7촌 7분 5리이며, 2등은 5척 7촌 7분 9리, 3등은 5척 7촌 3리, 4등은 6척 4촌

3분 4리, 5등은 7척 5촌 5분, 6등은 9척 5촌 5분이다. 실
적은 [면적] 1척이 1파이며, 10파가 1속이고, 10속이 1부
이며, 100부가 1결이다.

태종-세종 대를 거치며 확립된 토지제도와 부세제도의 원
칙에 근거한 양전이 실제로 이루어진 것은 세조 대부터였다.
1461년(세조 7) 경기도를 시작으로, 충청도·전라도·경상도에 대
한 양전이 이어졌고, 성종 대에 황해도, 강원도, 평안도 양전에
이어 마지막으로 1489년(성종 20)에 함경도 양안이 작성됨으로
써 공법에 근거한 전국 규모의 양안이 비로소 완성되었다. 그
사이에 공법에 근거한 양전의 구체적인 실무에 필요한 내용을
상세하게 담은 지침서인 『전제상정소준수조획』이 제정되고, 위
에서 살펴본 바와 같은 양안에 대한 규정들이 『경국대전』에 실
리게 되었다. 이로써 조선시대 양안의 기본적인 양식과 양전의
제도적인 틀이 확립되었다고 할 수 있다.

임진왜란의 영향과 전후복구: 계묘양전과 갑술양전

우리 현[예안]은 임진년 난리가 일어난 이후에 양안을

모두 분실하여, 농사를 짓는 토지에 근거하여 요역을 부과했다. 여러 읍의 기름진 농토는 모두 세금이 없었고, 심지어 곡식 종자를 뿌리는 것이 15-16석이나 되는 토지에 세금을 부과하는 것은 4-5복ㅏ밖에 되질 않았다. 대부분이 이와 같았다. 최근에 이르러서는 우도 右道의 상주가 가장 심했고, 기타 나머지 각 고을도 모두 똑같았다. 이번에 측량을 한다고 하니 근심하고 놀라지 않은 사람이 없었다.

- 『계암일록』1634년 9월 20일

1592년(선조 25)에 일어난 임진왜란은 조선에 막대한 피해를 입혔다. 전란으로 많은 사람이 죽고 막대한 농경지가 황폐화되었다. 국가 행정 또한 정상적으로 작동하지 못하는 상황에서 이전과 같이 세금을 거두는 것은 도저히 불가능했다. 그런데 더욱 심각한 문제는 전쟁 과정에서 중앙과 지방 모두 양안이 거의 소실되었다는 사실이다. 국가의 토지 파악과 세금 부과의 기초 자료인 양안이 사라졌다는 사실은 전쟁이 끝난 이후에도 국가 재정을 빠르게 복구하는 데 커다란 장애가 되었다.

전쟁이 끝나고 명나라 군대가 철수한 직후인 1600년(선조 33)에 벌써 양전을 실시해야 한다는 주장이 제기된 것은 당연한 수

순이었다. 그러나 전쟁이 끝난 지 얼마 되지 않은 시점에서 양
전을 시행하는 것은 국가와 농민 모두에게 큰 부담이었기 때문
에 실제 양전을 시행하는 일은 쉽지 않았다. 그럼에도 빠른 전
후 복구를 위해서는 양전을 더 이상 미룰 수 없었다.

> 전결田結의 숫자는, 전라도가 40여만 결, 경상도가 30여
> 만 결, 충청도가 27만 결인데, 근세 이래로 잇따라 하지
> 하下之下로 세를 받아들여 비록 평시라 해도 세입이 겨
> 우 20만 석이어서 국초에 비하면 절반이 줄어든 것입
> 니다. 그런데 난후에 팔도의 전결이 겨우 30여만 결로,
> 평시 전라도 한 도에도 미치지 못하니 어떻게 나라의
> 모양을 이룰 수가 있겠습니까. 이번 양전하는 한 가지
> 일은 반드시 큰 어려움을 물리치고 실행한 연후에야
> 이룰 수 있을 것으로, 폐단 또한 많을 것이나 따질 필요
> 가 없습니다.
>
> ― 『선조실록』 선조 34년 8월 13일

이항복은 당시 상황의 시급함을 위와 같이 전한다. 전쟁 이
전에는 국가가 파악하는 토지 규모는 전라도가 40여만 결, 경상
도가 30여만 결, 충청도가 27만 결이었는데, 전쟁 이후로는 나

라 전체를 통틀어 단지 30여만 결을 파악하는 데 그치고 있으므로, 양전을 실시하는 과정에서 폐단이 예상된다고 하더라도 이를 고려할 필요가 없다고 주장했다.

결국 1601년(선조 34)에 양전을 시행하기로 결정하고 본격적인 준비에 돌입했다. 이때는 많은 비용을 들이지 않고 최대한 빠르게 양안을 다시 작성하는 일이 무엇보다 시급했기 때문에 지방 수령에게 양전의 전체 과정을 일임하고 국가는 도별로 1개 군현을 추첨하여 검증하는 방안을 채택했다. 그러나 추첨을 통해 특정한 군현을 대상으로 양전 결과를 검증하는 시행 방식뿐만 아니라 양전 자체에 대한 반대가 심하여 양전이 제대로 이루어지지 못했다. 1603년(선조 36)에 양전 시행에 대한 논의가 재개되었고, 이번에는 전국에 대한 양전이 실시되었다. 이때에도 마찬가지로 지방 수령이 양전을 책임지는 방식이었다. 임진왜란의 피해를 복구하는 것을 가장 큰 목표로 1603년에 시행된 이 양전사업을 가리켜 '계묘양전癸卯量田'이라고 한다.

그러나 막상 계묘양전 사업의 성과는 그렇게 뚜렷하지 못했던 것 같다. 1634년에 시행된 갑술양전을 앞두고 김령이 남긴 언급에 따르면, 그가 살던 경상도 예안의 경우 임진왜란 당시에 양안을 분실한 이후 당시까지 양안이 다시 작성되지 않았으며 이러한 사정은 상주를 비롯한 다른 지역도 마찬가지였다는 것이다. 실제로 『선조실록』에는 지방의 수령들이 적극적으로 양전을 실시하지 않았다는 비판은 쉽게 찾아볼 수 있는 반면, 계묘양전의 결과는 구체적인 수치로 제시되어 있지 않다.

인조 즉위 이후 양전에 대한 논의가 다시 제기되었다. 인조가 즉위한 1623년은 마침 계묘양전이 시행된 지 20년이 지난 시점이었고, 이제는 임진왜란으로 인한 피해도 거의 복구되었다고 할 수 있는 시기였다. 양전 시행을 둘러싼 논의 끝에 양전의 실시가 결정된 것은 1634년(인조 12)이었다. 이때의 양전사업을 이른바 '갑술양전甲戌量田'이라고 부른다. 갑술양전에서는 경상도, 충청도, 전라도의 삼남 지방에 대한 조사만이 이루어지기는 했지만, 임진왜란으로 양안이 대규모로 소실된 이후 국가적 차원의 양전사업을 통해 양안이 다시 구비되었다는 데 큰 의의가 있다.

임진왜란의 피해가 거의 복구되는 시점에 시행된 갑술양전의 목표는 토지를 철저하게 파악하여 임진왜란 이전의 상황을 회복하는 것이었다. 이러한 목표를 갖고 추진된 갑술양전에서는 양전 시행 방식에서 몇 가지 특징이 나타난다. 첫째는 임진왜란 이전을 기준으로 토지 등급을 그대로 유지하여 평상시의 결부를 모두 채우고자 한 것이고, 둘째는 철저한 조사와 측량을 위해 지방 수령들로 하여금 서로 지역을 바꾸어 타량을 하도록 한 것이었다. 그리고 이와 함께 각도마다 2명씩 양전사量田使를 파견하여 양전 과정을 총괄하도록 하였다(오인택 1995).

> 지금 우선 현재의 토질의 비옥하거나 척박한 정도에 따라 곡물 산출량의 다소를 묻고 등급을 정하면서 구례舊例에 구애받지 말고 현실에 맞게 등급을 계량한다면 백성들도 원망하지 않고 얻게 되는 결부 또한 배가 될 것입니다. … 이와 같이 시행하고서 또 50년이나 60년쯤 지나 평시와 같이 사람이 많아져서 농토는 부족하며 땅은 기름지고 곡식이 많이 생산된 뒤에야 결부를 비로소 완전히 차게 할 수 있을 것입니다.
>
> - 『인조실록』인조 12년 윤8월 27일

당시 경상좌도 양전사로 차출된 이현은 위와 같이 전쟁 이전의 전품을 그대로 유지하고자 하는 정부 방침을 비판하면서 토지가 임란 이전보다 척박해진 현실을 반영하여 우선은 새롭게 전품을 책정해야 하며, 전쟁 이전의 결부를 채우는 것은 50-60년을 더 기다려야 한다고 주장했다. 그러나 전쟁 이전 수준의 결부를 최대한 빠르게 확보하고자 했던 정부는 그의 주장을 무시하고 임란 이전의 전품을 계승하도록 했다. 이현은 수령들로 하여금 서로 지역을 바꿔서 타량을 하도록 정한 방침에도 반대했으나, 이 역시 받아들여지지 않았다. 책 첫머리에 갑술양전 당시의 상황에 대해 김령이 언급한 바를 인용한 바에 따르면, 실제로 이현이 우려한 대로 지역을 바꾸어 타량하도록 한 조치는 지역의 현실을 도외시하는 가혹한 사업 수행으로 이어진 측면이 있었다.

임진왜란 이전의 결수를 회복하는 것을 목표로 시행된 갑술양전은 실제로 이에 상당하는 성과를 거두었다. 갑술양전 이후 정부는 양전을 시행하지 않은 지역까지 포함하여 도합 132만여 결 이상의 원결수를 확보했다. 이는 왜란 이전의 151만 5천여 결과 비교하면 약 19만 결 정도 줄어든 수치이기는 하다. 그러나 아직 전쟁의 피해가 완전히 가시지 않은 시기에 삼남에 한정된 양전의 결과라는 점을 감안하면 갑술양전을 통해 정부가 목표한 바는 거의 달성되었다고 볼 수 있다.

안타깝게도 갑술양전을 통해 만들어진 양안은 현재까지 온전히 남아 있는 것이 한 건도 없어서 실제 양전의 결과를 자세히 검토하기 어렵다. 다만 아래와 같이 갑술양안의 내용을 베껴 놓은 자료들이 일부 남아 있어 갑술양안이 어떻게 작성되었는지를 간접적으로만 유추해 볼 수 있을 뿐이다.

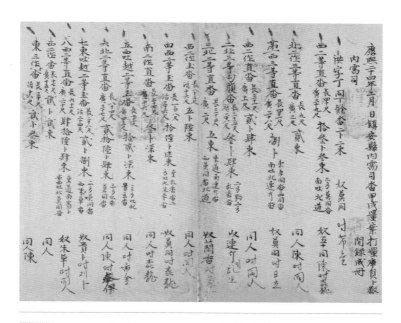

그림 25 『전라도진안현내수사답갑술양안타량고원복수개록성책』, 서울대학교 규장각한국학
연구원 소장

현존하는 가장 오래된 양안: 경자양전

17세기 전반 갑술양전이 시행된 후로부터 80여 년이 지난
숙종 대 후반에 이르러 조선 정부는 다시 한번 국가적 규모의
양전사업을 시행하였다. 1719년(숙종 45)에 시작되어 1720년(숙
종 46)에 마무리된 이 양전사업을 가리켜 경자양전庚子量田이라고

하며, 그 결과 작성된 양안을 경자양안庚子量案이라고 한다. 경자양안은 전국적 차원에서 이루어진 양전사업의 결과로 작성된 양안 가운데 온전한 형태로 현재까지 전하는 가장 이른 시기의 양안이다. 그뿐만 아니라 양전의 시행을 둘러싼 첨예한 논의의 과정이 조선왕조실록, 승정원일기, 비변사등록과 같은 관찬 연대기 자료에 매우 상세하게 기록되어 있다. 또한 양전 시행을 위한 마련한 규정인 양전사목量田事目이나 양전 과정에서 작성된 각종 행정 문서를 모아 편찬한 양전등록量田謄錄 등 양전사업의 시행과 양안의 내용을 분석하는 데 활용할 수 있는 관련 자료들 역시 상당히 풍부하게 남아 있는 편이다. 이러한 점에서 현재 조선시대 양안에 대한 이해는 사실상 경자양전사업과 그 결과물인 경자양안에 대한 연구에 기초를 두고 있다고 해도 과언이 아니다.

16~17세기에 걸쳐 조선 사회는 경제적으로 매우 큰 변화를 겪었다. 16세기에 들어서면서 전국적으로 개간이 활발하게 진행되면서 농경지가 빠른 속도로 크게 확대되었다. 또한 수리시설의 확충되면서 이앙법이 보편화되는 등 농업 생산성의 성장이 두드러졌다. 이러한 가운데 토지의 경제적 가치가 이전 시기에 비해 중요성을 더해 갔으며, 자연스럽게 토지 소유권에 대한 인식이 강화되고 토지를 둘러싼 법률적 분쟁이 점차 늘어 갔다.

16세기 말부터 17세기 전반 사이에 양란을 겪으면서 개간의 확대와 생산성의 성장, 토지 소유권의 확립이라는 현상은 잠시 주춤하는 모습을 보였으나, 그리 길지 않은 전후 복구의 시기를 지나 전쟁 이전의 양상을 금방 회복했고, 뒤이어 17세기 말까지 꾸준히 증가하는 추세였다. 다른 한편으로 이 시기에는 국가의 재정과 부세 정책에도 큰 변화가 발생하였다. 가장 중요한 변화는 인구와 토지를 종합하여 현물로 부과하는 공물의 체계가 대동법大同法의 제정을 통해 토지에서 곡물을 거두는 방식으로 변화한 것이다. 대동법의 확대 적용은 기존에 토지에 부과하던 전세에 더해 국가의 중요한 여러 세금들이 토지로 집중되는 현상을 낳았다.

사실 이러한 변화는 인조대 갑술양전 당시에도 이미 뚜렷이 나타나고 있었다. 그러나 갑술양전의 가장 큰 목표는 임진왜란을 거치면서 잃어버린 양안을 다시 작성하고, 그 과정에서 전쟁 이전의 결부수를 확보하는 것이었다. 또한 아직 전쟁으로 인해 발생한 피해가 온전히 복구되었다고 하기에는 조심스러운 시기였다. 이러한 점을 감안하면 갑술양전사업에서 사회의 경제적 변화를 반영하여 조선 전기 이래의 양안을 큰 틀에서 재조정하는 작업을 기대하기는 어려웠다. 갑술양전으로부터 80여 년이 지난 시기에 이루어진 경자양전사업에서는 조선 후기 사회의 경제적 변화에 대응하는 한편, 양전 과정에서 발생해 온 여러 가지 문제점들을 해결하기 위해 양전의 시행과정과 양안의 기재 양식에 대한 치밀한 고민의 흔적을 발견할 수 있다. 경자양안에 나타나는 몇 가지 주요한 특징들은 18세기 전반 국가의 이러한 노력이 반영된 결과라고 할 수 있다.

경자양전이 시행되기 이전에도 국가는 여러 차례에 걸쳐 양전을 하기 위해 노력하였다. 갑술양전으로부터 30년 정도 지난 1660년(현종 1)에는 전국 8도를 모두 다시 양전하려는 시도가 있었다. 그러나 곧 흉년이 들고 전염병이 발생하여 전국 규모의 양전을 포기하고, 그 대신 갑술양전 당시에 양전이 이루어지지 못했던 경기도에 대한 양전만 시행하는 데 그쳤다. 1669년(현종 10)에는 충청도와 황해도를 대상으로 이른바 기유양전己酉量田이 시행되었으나, 앞서와 마찬가지로 흉년과 재해를 이유로 모든 지역에 대한 양전이 이루어지지는 못했다. 숙종은 재위 초반기부터 적극적으로 양전 시행을 주장하였는데, 기유양전 때 미처 마무리하지 못한 충청도와 황해도의 나머지 지역들과 이때 제외되었던 전라도, 경상도, 강원도로부터 양전을 시작하고자 했다. 그러나 이번에도 연이은 흉년과 재해로 양전은 계속 연기되었고, 계묘양전 이후 한 번도 양전을 하지 못한 강원도에 대한 양전만이 1708년(숙종 34)에 이루어지는 데 그쳤다.

1719년(숙종 45)에 시작된 경자양전은 이렇게 오랜 기간 끌어온 양전 시행을 둘러싼 도돌이표를 끝내고 마침표를 찍는 사건이었던 셈이다. 흥미로운 사실은 1715년(숙종 41)부터 1717년(숙종 43) 사이에도 매우 심각한 수준의 흉년과 기근, 전염병이 연이어 발생하고 있었다는 것이다. 흉년과 자연재해, 전염병의 발생은 그동안 양전을 연기하도록 하는 가장 큰 원인이었는데, 이 시기에는 이전과 비교할 때 결코 가볍지 않은 양상이 반복되고 있었음에도 양전이 시행되었다. 이러한 사실은 양전의 시행을 오랜 기간에 걸쳐 가로막은 결정적인 장애는 자연재해라기보다 양전을 기피하고자 하는 토지 소유주들의 이해관계였다는 점을 보여 준다. 양전이 시행되면 그 사이에 개간된 토지가 양안에 새로 등록될 뿐만 아니라 기존에 양안에 올라 있던 토지들의 경우에도 생산성의 성장을 반영하여 전품이 조정되기 마련이며, 나아가 이전 시기 양안에 여러 사정으로 누락되어 있던 이른바 은루결隱漏結이 드러날 가능성이 있었다. 개간이 확대되고 토지 생산성이 성장한 결과를 국가에 노출시키고 싶지 않았던 토지 소유주들이 중앙의 관료와 지방의 수령을 움직여 양전의 시행을 계속 연기시켜 왔던 것이다.

수령은 사사롭게 누락된 결복結ト을 쓰는 것에 욕심을

내고 지방의 유력자들(호우豪右)은 그 재실災實을 어지럽게 만드는 것을 이롭게 여깁니다. 수령에 대한 평가가 호우의 입에서 나오므로, 호우가 불편하다고 하면 수령은 이를 편들어 감사에게 보고하고, 또 뒤따라 치계馳啓하면서 갖가지로 핑계를 대어 일부러 지연시킵니다. 마지막에는 양전에 사용하는 자가 길고 짧다는 논란과 민간의 전염병 때문이라고 핑계를 삼고 있으니, 신은 처음부터 일을 피한 감사를 견책해서 파직하지 않을 수 없다고 생각합니다.

-『숙종실록』63권, 숙종 45년 1월 29일

경자양전은 이렇게 오랜 기간 양전을 반대해 온 토지 소유주들과의 일정한 타협이 있었기에 비로소 시행될 수 있었다. 경자양전에서는 양전을 새로 시행하면서도 토지의 비옥도를 나타내는 전품은 이전 시기 갑술양안의 것을 그대로 계승한다는 방침이 정해졌다.

여러 도의 논과 밭은 이전에 양전 작업을 여러 차례 거쳐서 등수의 높고 낮음이 이미 실상에 따라 양안에 기록되어 있으니 이것은 예전이나 지금이나 다름이 없을 것이다. 이번에 새로 양전을 할 때에 이전에 양전한 이후 새로 경작을 하게 된 곳의 등수는 토지의 비옥도에 따라 시행하되, 일찍이 이전부터 양안에 실려 있는 논과 밭의 등급은 올리거나 내리지 않는다

— 강희정유양전사목 『신보수교집록』

　사실 갑술양전 당시에도 이전의 전품을 거의 손대지 않았는데, 이것은 임진왜란의 피해를 감안할 때 실제 토지의 생산성이나 비옥도보다 오히려 높은 등급을 매기는 셈이었다. 갑술양전이 임진왜란 이전의 전품을 계승하였다는 사실을 감안하면, 경자양전에서 갑술양안의 전품을 고치지 말도록 한 조치는 새로 양전을 하면서도 거의 200년 전의 전품을 그대로 둔 것이나 다를 바 없었다. 전후 복구가 마무리되고 농업 생산성의 성장이 명백해진 상황에서 이전의 전품을 수정하지 말도록 한 조치는 토지의 비옥도를 지나치게 낮게 평가하는 결과로 이어지기 마련이었다. 그럼에도 정부가 이러한 결정을 내린 까닭은 양전 시행에 반대하는 세력들을 설득하기 위해서는 전품을 조정하지 않는다는 수준의 타협책이 필요하다고 생각했기 때문이었다.
　이러한 조정과 타협을 통해 정부는 양전을 기피하는 토지 소유주들의 반대를 극복하고 80여 년 만에 삼남 전체에 대한 양전

을 시행할 수 있었다. 전품 조정을 양보하였음에도 국가는 경자양전을 통해 갑술양전 이후 새로 개간된 토지를 추가로 확보할 수 있었고, 이전에는 경작하지 않다가 새로 경작하게 된 토지들을 정확하게 파악할 수 있었다. 경자양전에서 가장 강조된 원칙은 17세기 이후 전국적인 개간을 통해 새로 경작하게 된 이른바 가경전加耕田을 철저하게 파악하는 것이었다. 경자양전은 삼남 지역에서 갑술양전에 비해 약 7만 6천 결 규모의 토지를 추가로 얻었는데, 전품이 거의 조정되지 않았다는 사실을 감안하면 증가분 대부분은 갑술양전 이후 새로 개간된 토지를 파악한 것이다. 또한 실제 경작하여 정상적으로 세금을 납부하는 토지인 시기결時起結은 갑술양전에 비해 약 13만 결 이상이 증가했다.

양안의 기재 양식이라는 면에서도 경자양안은 이전 시기 양안과 비교할 때 몇 가지 뚜렷한 특징을 지닌다. 다음 그림은 경자양전 당시 작성한 경상도 용궁현의 양안으로, 경자양안에서 나타난 기재 양식의 중요한 변화가 잘 드러난다.

우선 경자양안은 이전 시기 갑술양안의 결과를 토대로 양전을 시행하면서 갑술양안의 주요한 내용을 새로운 양안에 연속적으로 담아내고자 했다. 앞의 사례는 용궁현 신하면의 직자櫻字로 편제된 토지 정보를 담고 있는데, 16번 필지 위에 '이상구문以上舊門'이라는 표기는 직자 1번부터 16번까지의 필지는 갑술양전 당시 자호가 문자門字에 속한 토지임을 나타낸다. 새로 개간한 토지가 추가되고 기존 토지의 전품과 면적이 바뀌게 되면 결부수가 달라지면서 기존의 자호에도 변동이 생기기 마련인데, 특정 필지의 자호 변화를 연속적으로 파악할 수 있게 한 것이다.

이와 함께 가장 아래 기주起主란에는 구舊와 금今을 구분하여 갑술양안에 실린 주主의 이름을 새로운 양안으로 파악한 주의 이름과 함께 나란히 기재하였다. 갑술양안과의 연속성을 중요시하는 조치인 동시에 토지 소유권을 둘러싼 분쟁에서 필지의 소유권 변동을 증빙할 수 있는 근거를 확보하기 위한 것으로 평가된다. 기주의 이름이 한 명만 기재된 경우는 갑술양전 이후 새로 개간되어 경자양전을 통해 처음 양안에 등록된 토지인데, 이 경우에는 맨 위에 '가加'라는 글자를 덧붙여 가경전이라는 사실을 표기하였다.

이전 시기 양안과의 연속성을 나타내기 위해 마련된 기재양식의 변화와 함께 경자양안에서 처음 나타나는 양식상의 특징에도 주목할 필요가 있다. 경자양안의 가장 중요한 특징 가운데 하나는 토지의 등록자를 지칭하기 위해 기주起主라는 용어를 사용했다는 점이다. 온전한 자료가 남아 있는 경우가 거의 없어 분명히 단정하기 어려우나, 이전 시기 양안은 토지와 관련한

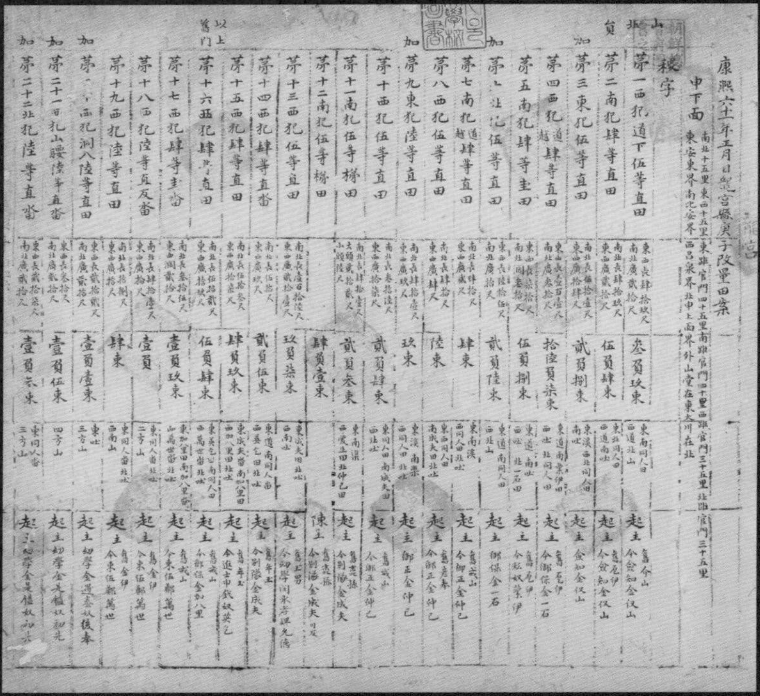

この古文書は縦書き漢文の帳簿であり、各列を右から左へ読む形式である。以下、判読可能な範囲で列ごとに転記する。

山北 負	加 門以上	加 門以上	加	加
梯字				

康熙六十一年五月日龍宮縣庚子改量田案
中下面
東安等面北�不西ニ不

列内容	方位・四標	結負	主名
第一西犯道下伍等直田	南北長四拾玖尺	叄負玖束	起主 令金知金汝山
第二南犯肆等直田	南北長四拾玖尺	伍負肆束	起主 令金知金汝山
第三東犯伍等直田	東北長肆拾玖尺	拾貳負柒束	起主 金知金汝山
第四西犯肆等直田		貳負捌束	起主 金知金汝山
第五南犯肆等圭田		伍負捌束	起主 令金伊金石
第七南犯肆等直田		拾壹負肆束	起主 金知金汝山
第八東犯陸等直田		肆束	起主 郷校金石
第九東犯陸等直田		玖束	起主 郷校金仲己
第十一南犯伍等橋田		貳負叁束	起主 御丘金仲己
第十二南犯伍等橋田		貳負壹束	起主
第十三西犯肆等直田		貳負玖束	陳主
第十四西犯肆等直田		肆負壹束	起主
第十五西犯肆等直番		伍負伍束	起主
第十六西犯肆等直田		貳負玖束	起主
第十七西犯陸等圭田		壹負	起主
第十八西犯陸等直田		壹負玖束	起主
第十九西犯陸等直田		壹負	起主
第二十南犯洞八陵等直田		壹負壹束	起主
第二十一南犯腰陵等直番		壹負肆束	起主
第二十二犯陸等直番		壹負六束	起主

그림 26 『용궁현경자개량전안』, 서울대학교 규장각한국학연구원 소장

사람을 지칭하기 위해 특정한 용어를 사용하지 않았던 것으로 보인다. 반면에 경자양안에서는 기주라는 용어가 명확하게 공식적으로 사용되었다. 기起라는 글자는 경작하는 토지를 가리키는데, 반대로 경작하지 않는 토지는 진陳이라고 부른다. 실제 앞의 그림에서 기주와 함께 진주陳主라는 용어도 함께 사용되었음을 확인할 수 있다. 기주와 진주라는 용어의 사용은 토지 소유권에 대한 인식이 점차 강화되고 토지를 둘러싼 법률적 분쟁이 잦아지는 사태를 반영하는 한편, 경작 여부를 기준으로 하는 진기陳起를 구분하는 것이 양전의 매우 중요한 목표였음을 잘 보여 준다.

기주라는 용어가 사용되었다는 점과 함께 이름의 기재 형식에도 큰 변화가 나타났다. 갑술양전 당시의 구주舊主들은 거의 대부분 성이 없이 이름만 기재되어 있는 것과 달리 경자양전으로 새로 파악된 금주今主들은 모두 '직역+성+이름'의 형식으로 기록되었다. 직역과 성명을 갖춘 형식의 이름 표기는 경자양전 당시에 호적에 올라 있는 이름을 그대로 양안에 기재하도록 하면서 새롭게 나타난 것이다. 호적에 올라 있는 이름을 양안에 싣도록 한 조치는 부세정책이 변화하는 상황에서 국가가 인구를 파악하는 장부인 호적과 토지를 파악하는 양안을 일원적으로 연계하여 파악하려는 의도를 갖고 있었음을 보여 준다. 실제로 경자양안의 사례 연구에 의하면, 경자양안에 기주로 올라간 사람들 가운데 상당수는 인근 지역의 호적에서 그 이름을 확인할 수 있다고 한다.

마지막으로 위의 그림에서 그 양상을 확인할 수는 없으나, 경자양안에 이르러 자호별로 지번이 부여되는 체계가 비로소 명확해졌다는 것도 중요한 특징이다. 새로운 자호가 시작될 때마다 1번부터 새로운 지번이 부여되어 다음 자호가 새로 시작될 때까지 지번이 이어지는 방식으로 자호와 지번의 관계가 확고해졌다. 이전 시기 양안의 경우 자호와 지번은 분명한 상관관계를 갖지 않았고, 지번은 대개 들판별로 부여되었던 것으로 보인다. 그런데 경자양전에 이르러서는 1자 5결의 준수 여부와 무관하게 지번은 분명하게 자호별로 부여되는 체계가 확립되었다. 들판으로 표현되는 농업 공동체의 역사적·지리적 연속성보다 국가에 의해 추상적으로 부여되는 자호와 지번이 토지를 식별하는 양안의 일차적인 원칙으로 자리 잡았다고 평가할 수 있다.

대한제국과 최후의 양전사업: 광무양전

조선을 둘러싼 위태로운 국제정세가 지속되던 1890년대 말

을미사변 이후 러시아공사관에 머물다가 경운궁으로 돌아온 고종은 국호를 대한제국으로 고치고 황제국으로 국가의 면모를 쇄신하고자 했다. 황제국 선포와 동시에 고종은 광무光武라는 연호를 제정했고, 광무 연호는 대한제국이 선포된 1897년부터 그가 강제로 황제의 자리에서 물러난 1907년까지 사용되었다. 1899년부터 1903년 사이에는 국가적 규모로 양전이 실시되었는데, 대한제국기에 실시된 이 양전사업을 당시의 연호를 따서 광무양전사업이라고 부른다. 광무양전사업은 이른바 광무개혁 가운데 가장 중요하게 거론되는 사업으로서 대한제국과 광무개혁의 역사적 성격을 평가하는 데 중요한 근거를 제공한다. 동시에 일제가 식민통치 기간에 토지조사사업을 실시하기 이전에 이루어진 국가적 규모의 마지막 양전사업이기도 하다.

1890년대 말이라는 시점에 국가적 역량을 기울여 양전사업을 실시했다는 사실은 매우 놀라운 일이기도 하다. 1720년에 경자양전사업이 시행된 이래 조선은 전국적 규모의 양전을 더 이상 시도하지 않았다. 18세기 전반의 경자양전으로부터 180년 이상의 오랜 시간이 지난 시점에 이르러 새로운 양전을 시도한 것은 처음부터 고종의 강력한 의지에 따른 일이었다. 고종이 대한제국을 선포한 이듬해인 1898년 6월 내부대신 박정양朴定陽과 농상공부대신 이도재李道宰는 전국의 토지를 조사, 측량할 것을 건의하는 청원서를 의정부에 제출했다. 그런데 의정부회의에서는 토지측량안에 반대하는 의견이 대다수였으며, 격렬한 논쟁을 거쳤음에도 결과적으로 토지측량안은 최종적으로 부결되었다. 그러나 고종은 의정부회의 결과에도 불구하고 매우 이례적으로 '청원한 대로 시행할 것'이라는 비답을 내리고 전격적으로 양전사업을 추진할 것을 선언했다.

고종이 국가적 규모의 새로운 양전사업에 착수할 것을 지시하자 곧바로 양전을 전담할 독립 관청으로서 양지아문量地衙門이 설립되고 업무와 관련된 규정이 마련되었다. 고종은 서양의 토지 측량 기법을 도입하여 새로운 양전을 실시하고자 했다. 양지아문은 5년에 걸쳐 외국인 토지 측량 기사를 초빙하고, 이들로 하여금 조선인 교육생들에게 서양의 토지 측량 기술을 가르쳐 새로운 양전을 담당할 측량사를 양성할 계획을 세웠다. 그러나 전국적 양전을 담당할 정도로 많은 이들에게 전통적인 방식과 다른 새로운 토지 측량법을 짧은 기간에 전수하는 일은 결코 쉽지 않았으며, 다른 한편으로 서양의 토지 측량 기법을 도입하는 데 대한 부정적인 여론도 만만치 않았다. 실제로 고종의 강력한 의지로 양전사업을 실시하기로 전격적으로 결정된 것에 비하면 1899년이 되어서도 새로운 토지 측량은 첫발을 떼지 못하고 있었다. 결국 1899년 4월에 이르러 양지아문은 외국인 측량 기사를 고용하여 점진적으로 양전을 실시한다는 방침을 철회하고 전통적인 방식에 근거한 양전 지침을 마련했다. 1899년 6월부터 충청남도 아산군을 시작으로 본격적인 양전이 실시되었다.

　대한제국은 양전사업을 기획한 초기부터 새롭게 작성되는 양안을 토대로 하여 국가가 공인하는 토지에 대한 권리문서인 계권契券을 발급하려는 계획을 가지고 있었다. 양지아문의 주도로 양전이 본격적으로 시행되던 1900년에 이르러 민간에서 사적으로 작성되던 토지매매문서를 대체하여 국가가 토지에 대해 발급하는 관급官給의 계권契券, 즉 관계官契 혹은 지계地契와 관련한 제도화 방안이 추진되었다. 1901년 10월 지계 발급 업무를 전담하는 기관으로 지계아문地契衙門이 설립되고 관련 규정이 마련되었다. 지계아문은 이전 시기 양전의 대상이었던 농경지를 포함하여 전국의 모든 산림과 토지를 지계 발행의 대상으로 확대했다. 지계아문은 "산림토지전답가사는 대한국인 외에는 소유주 됨을 득得지 못한다"는 조항을 마련하여 외국인의 토지 소유를 원칙적으로 금지하고자 했다.

　관계 발급 업무를 전담하는 기관으로 설립된 지계아문은 1902년 3월에 이르러 기존에 양전을 담당하던 양지아문을 통합하여 토지 조사에서부터 관계 발급에 이르는 전체 과정을 주관하는 기관으로 확대 개편되었다. 이로부터 1899년부터 1901년 겨울까지 양지아문이 주관하여 양전을 실시하던 것을 대체하여 광무양전사업의 후반부는 지계아문이 담당하게 되었다. 주무기관이 바뀌는 가운데에도 비교적 순조롭게 진행되던 양전사업은 1904년에 이르러 갑자기 지계아문이 혁파됨으로써 미완성인 채로 중단되고 말았다. 대한제국이 이 시기에 양전사업을 중단한 이유는 분명하지 않다. 그렇지만 광무양전사업을 통해 외국인의 토지 소유를 원칙적으로 금지하고자 했던 대한제국의 정책에 대해 일본이 반발하고 나선 것이 중대한 영향을 끼쳤다고 보는 견해가 일반적이다.

대한제국은 1899~1903년에 걸쳐 전국 331군 가운데 2/3 정도에 해당하는 218군의 양전을 실시하였고, 이 가운데 일부 지역에서는 관계 발급이 실제로 이루어졌다. 상당한 지역에서 양전이 이루어지고 방대한 규모로 양안이 작성되었다는 점에서 광무양전사업의 성과가 전혀 없었다고 할 수는 없다. 그러나 광무양안은 이전 시기 양안과는 달리 국가의 실제 부세 수취에 전혀 활용되지 못했고, 대한제국 선포와 함께 야심차게 시작한 양전의 결과가 국가의 새로운 재정 정책의 수립으로 이어지지 못했다. 이러한 점에서 광무양전사업은 미완으로 끝난 사업이라고 평가할 수 있다. 양전이 이루어진 218군 가운데 20%가 조금안 되는 41개 지역의 광무양안이 현재 서울대학교 규장각한국학연구원에 소장되어 있다.

앞선 시기의 양안과 마찬가지로 광무양안 역시 시대적 변화와 국가의 목표를 반영하여 이전과 다른 새로운 면모를 몇 가지지니고 있다. 우선 확인해야 할 사항은 양전사업을 담당한 기관이 중간에 양지아문에서 지계아문으로 바뀌는 과정에서 양안의 기재양식도 상당히 큰 폭으로 변화했다는 사실이다. 다음 그림에서 충청남도 아산군양안이 양지아문이 작성한 양안이며, 강원도 간성군의 양안이 지계아문이 작성한 양안이다. 그림에 보이는 바와 같이 두 기관이 작성한 양안 사이에는 기재양식의 차이가 큰 편이다.

양지아문 양안과 지계아문 양안은 자호, 지번, 양전 방향, 전형, 지목, 야미수, 전품, 결부수, 장광척수, 적척수, 사표 등의 항목을 공통적으로 담고 있다. 두 양안의 가장 큰 차이는 양지아문 양안은 필지의 모양을 그림으로 그려 넣고 토지의 면적을 직접 기입한 반면, 지계아문 양안의 경우는 그림 형태의 필지 모양과 토지 면적이 사라진 대신 두락斗落과 일경日耕 수치가 기재되었다는 점이다. 두락과 일경은 모두 민간에서 토지의 면적을 표기하는 데 사용해 오던 단위인데, 광무양안에서는 지역에 따라 다양하게 쓰이던 두락과 일경의 면적을 고정해두고 토지의 실제 면적으로부터 산술적으로 계산하도록 했다.

토지의 등록자를 표기하는 방식에서도 차이가 있다. 양지아문 양안이 시주時主와 시작時作이라는 용어를 사용하여 토지의 소유주와 함께 작인을 함께 기록한 데 비해, 지계아문 양안은 시주時主라는 용어를 사용한다는 공통점은 있으나 대부분 시주만 기록하고 시작을 아예 올리지 않았다. 양지아문에서 작성한 양안의 경우 앞선 시기의 양안과 달리 진전이 거의 등장하지 않는 데 반해 시주와 함께 진주陳主라는 용어를 사용하는 데에서 나타나듯이 지계아문이 작성한 양안의 경우 진전 파악에 더욱 적극적인 편이었다. 전체적인 면모를 종합해 볼 때, 양지아문에 비해 지계아문 양안이 전통적인 양안의 기재 양식과 토지 파악 방식에 더 가까운 성격을 지녔던 것으로 보인다.

양지아문과 지계아문 양식 사이의 차이도 중요하지만, 광무 양안에 이르러 이전 시기 양안과 달라진 점 또한 매우 중요하다. 앞서 언급한 대로 양지아문 양안은 필지의 모양을 그림으로 그려 넣고 도형 위에 사표를 표기하는 방식을 택했는데, 이는 이전 시기 양안에는 나타나지 않던 것이다. 필지의 그림은 실제 장광척수를 반영하도록 비례적으로 묘사되었다. 광무양안에서 이전에 5개의 도형으로 전형을 표시하던 것에 5개를 새로 추가해서 모두 10개의 도형으로 나타낸 것도 큰 차이이다.

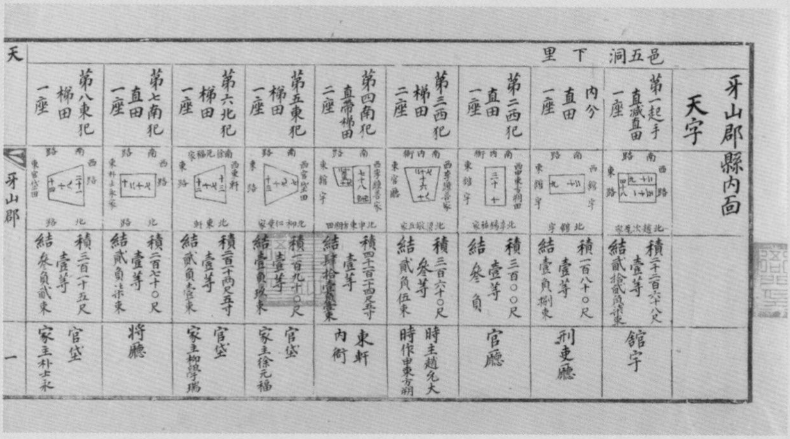

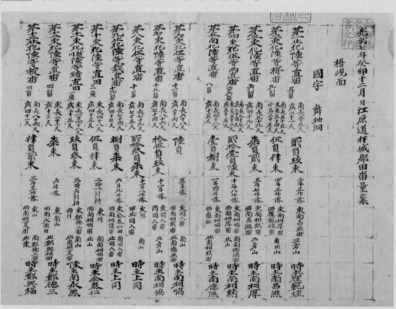

그림 27 『충청남도아산군양안』, 서울대학교 규장각한국학연구원 소장

그림 28 『강원도간성군전답양안』, 서울대학교 규장각한국학연구원 소장

이와 함께 필지의 면적을 수치로 양안에 기록한 것도 이전에 없던 방식이다. 물론 이전 시기 양안에서도 결부를 산출하기 위해서는 면적이 먼저 구해져야 하며, 결부와 전품으로부터 면적을 거꾸로 계산할 수 있기는 하다. 그럼에도 면적 수치가 장부에 직접 기재된 것은 상당히 큰 의미가 있다. 이러한 변화는 광무양전사업에서 모두 토지의 실제 모양과 면적에 대한 파악을 이전에 비해 더욱 중시했음을 보여 준다. 지계아문 양안은 필지를 그림으로 그려 넣지 않고 적척으로 표현한 면적을 기재 항목에서 제외했지만, 그 대신 두락과 일경이라는 단위를 사용해서 결부 이외에 절대 면적을 알 수 있도록 했다.

양지아문 양안에서 시주와 시작이라는 두 유형의 사람을 하나의 필지에 대해 모두 등록하도록 한 점 또한 광무양안의 새로운 점이다. 이전 시기 양안에서도 양안 작성의 주체와 목적에 따라 주主 이외에 토지를 경작하는 작인의 이름을 밝혀놓은 경우도 적지 않았지만, 국가가 작성하는 일반적인 양안에서 주主와 작作이라는 용어를 사용하여 두 유형의 사람 모두를 공식적으로 기재한 것은 주목할 만한 변화이다. 여기에 사용된 '시時'라는 글자는 대개 '임시' 혹은 '현재'라는 의미로 이해되고 있는데, 일부에서는 이를 근거로 광무양전사업에서도 모든 토지를 국가 혹은 국왕의 소유로 생각하는 왕토사상이 강하게 남아 있었다고 이해하기도 한다.

　토지의 등록자를 지칭하는 용어의 변화와 함께 이름을 기재하는 형식의 변화도 관찰된다. 180년 전의 경자양안은 호적에 실린 이름을 기준으로 '직역+성+이름'의 형식을 따르도록 했으나, 그 이후 양안에서 이러한 이름 표기 방식은 지속되지 못했다. 광무양안은 "전답주의 성명은 따져 묻지 말고 민인의 편의를 따르게 할 일"이라고 하여 특별한 제약 없이 원하는 대로 이름을 사용하는 관행을 공인했다.

4

양전의 시행과
양안의 작성

감관과 서원은 읍을 바꾸어 [타량을] 했다. 경주는 안동
을 측량하고, 안동은 성산을 측량하고, 비안은 예안을
측량하고, 예안을 문경을 측량했다. 나머지 지역도 모
두 이와 같이 했다.

- 『계암일록』 1634년 9월 18일

예천 수령 홍진문이 안동에서 대현을 경유하면서 평량
포 및 앞들의 전답을 양전했는데, 서원書員 김굿남에게
무릎에 곤장을 치려다가 감관監官이 감싸고 돌아 겨우
그만두었다. 게다가 모든 곳의 전답은 등급을 올리도록
했다. 대개 홍진문이 이전에 왔을 때 예안현감이 예로

써 대우하지 않았고, 이때에 이르러서도 더욱 좋지 않게 여겼으므로, 반드시 사달을 일으키려고 한 것이다.

－『계암일록』1634년 12월 16일

양전사는 경상좌도에 신득연을, 경상우도에 임광을, 충청좌도에 한흥일을, 충청우도에 이현을, 전라좌도에 박황을, 전라우도에 정기광을 임명했다. 충청좌도와 우도는 모두 관대하고 공평하게 하는 것을 주로 했는데, 이현이 더욱 정성스럽고 절실하게 해서, 수령 중에 등급을 높게 매긴 세 사람을 곤장 쳤다. 이현이 처음에는 경상좌도에 임명되었는데, 신득연으로 바뀐 것이니, 불행이라고 이를 만하다. 기타 사람들은 모두 각박하지는 않았다. 임광은 본래 감당하기 어려울 것이라고 일컬었으나, 끝내는 고치고 바꾸었다. 백성들에게 가장 어질지 못하게 대한 자는 신득연이다.

－『계암일록』1635년 1월 23일

17세기 중반 경상북도 예안에 거주하던 김령의 일기 『계암일록』은 1634년(인조 12)에 실시된 갑술양전이 어떠한 방식으로 진행되었는지를 생생하게 보여 준다. 위의 기록을 보면 지방에서 수령들이 감관과 서원으로 불리는 실무자들을 데리고 토지의 측량을 맡았는데, 갑술양전에서는 수령들로 하여금 서로 지역을 바꿔 토지를 조사하도록 했다. 김령이 거주하던 예안은 애초에는 비안 수령이 조사한다고 했는데, 나중에 변동이 생겼는지 실제로는 예천 수령 홍진문이 조사를 맡았다. 예천 수령 홍진문은 매우 혹독하게 양전을 실시한 모양인데, 김령은 그가 예안 현감과 평소에 사이가 좋지 않았던 탓이라고 생각했다. 서로 지역을 바꿔 수령이 조사하고 측량한 결과는 도道마다 2명씩 파견된 양전사가 총괄했다. 김령은 삼남에 파견된 양전사의 이름을 일일이 거론하면서 나름의 평가를 기록으로 남겼는데, 양전 결과에 꽤 영향을 끼칠 정도로 양전사의 권한이 상당했음을 짐작할 수 있다.

양전은 국가적으로 엄청나게 중요한 사안이었고, 원칙적으로 20년에 한 번씩 시행하도록 규정되어 있었다. 그렇지만 실제로는 거의 100년 가까운 기간에 한 번 정도 시행되었기 때문에 양전의 구체적인 시행 방식이나 양전을 담당할 주관 기구와 부서, 양전 규정과 지침 등이 평상시에 항상 갖추어져 있을 필요는 없었다. 따라서 매번 양전을 할 때마다 국가는 양전의 방식과 지침을 마련하고, 이를 수행할 조직을 상황에 맞게 꾸려야 했다. 실제 토지의 측량은 토지가 위치한 전국 각지에서 개

별적으로 수행되어야 하기 때문에 지방의 수령들이 주관할 필요가 있다. 다른 한편으로는 전국 차원에서 양전을 총괄하고 감독하는 역할이 필요하다. 그런데 중앙과 지방 양쪽 모두에서 양안 작성의 전체 과정을 적절히 수행하고 감독하는 방식에는 한 가지 해답만 존재하지 않는다. 따라서 각 단계를 구체적으로 수행하는 방식은 시기에 따라 서로 비슷하면서도 때로는 차이가 있기도 했다. 또한 시기마다 양전을 실시하는 목표에 따라 양전 시행과 양안 작성의 세부적인 지침이 바뀌기도 한다.

양전을 시행하기로 결정하고 나면 중앙 차원에서 우선 크게 두 가지 문제를 해결해야 했다. 첫째는 양전의 시행 방식을 정하고 이를 담당할 기구와 조직을 어떻게 마련할 것인지를 결정해야 한다. 둘째는 양전의 목표에 맞추어 양전을 하는 데 필요한 규정과 지침을 확정해야 한다. 양전의 시행 방식이 정해지고 사업을 담당할 조직과 양전의 지침이 마련이 되면 이를 바탕으로 양전이 실제로 진행된다. 양전은 크게 토지의 측량과 결부수 산정, 양안 작성의 세 단계로 이루어진다. 아래에서는 상대적으로 자료가 충실하게 남아 있고 연구 성과가 풍부한 1720년(숙종 34) 경자양전의 사례를 기준으로 양전사업이 어떻게 시행되는지, 구체적인 과정을 살펴본다. 이와 함께 필요한 경우 앞뒤 시기 양전의 사례들을 함께 소개할 예정이다.

양전 방침의 결정

1601년(선조 34)에 시행된 계묘양전에서는 현재 경작하고 있는 시기결時起結과 농사를 짓지 않는 진황지陳荒地를 지방의 수령들이 각자 타량한 뒤 감사를 통해 중앙에 보고하도록 하고, 호조에서 도道마다 1개 지방을 추첨하여 점검한 뒤에 착오가 있으면 수령을 처벌하도록 하는 방식을 모색하기도 했다. 임진왜란 직후 양안이 대거 소실된 상황에서 임시적인 조치로 큰 비용을 들이지 않고 빠르게 양전을 하려는 의도였지만, 전쟁 이후의 경제 위기 상황에서 진황지까지 측량하거나 추첨을 통해 국가가 특정 지역의 양전 상황을 재점검하는 정책은 거센 반대에 부딪혀 결국 철회되었다.

1634년(인조 12)의 갑술양전에서도 양전 방식과 지침에 대한 고민은 매우 중요한 사안이었다. 임진왜란의 피해가 상당히 복구되는 시점에 시행된 갑술양전의 목표는 토지를 철저하게 파악하여 임진왜란 이전의 상황을 회복하는 것이었다. 이러한 목표를 갖고 추진된 갑술양전에서는 양전 시행 방식에서 몇 가지 특징이 나타난다. 첫째는 임진왜란 이전을 기준으로 토지 등급을 그대로 유지하여 평상시의 결부를 모두 채우고자 한 것이고, 둘째는 앞서 김령의 일기를 통해 살펴본 바와 같이 철저한 조사와 측량을 위해 지방 수령들로 하여금 서로 지역을 바꾸어 타량을 하도록 한 것이었다. 그리고 이와 함께 중앙에 별도로 양전을 주관하는 기구를 마련하지 않고 각도마다 2명씩 양전사量田使를 파견하여 양전 과정을 총괄하도록 했다.

숙종 대에 갑술양전으로부터 100년 가까이 지난 시점에 다시 양전을 하기로 결정한 뒤에도 양전 방식에 대한 고민은 여전했다. 양전에 대한 논의가 본격적으로 시작된 1715-1716년에 숙종은 갑술양전에서와 같이 중앙에서 양전의 책임을 맡은 균전사均田使를 한 번에 파견하여 양전을 수행하는 것이 좋지 않은 방법이라고 생각했다. 중앙의 관리가 일시에 파견되어 내려가면 오히려 백성들을 동요하게 만들고 소란이 일어날 우려가 있다고 판단했기 때문이다. 숙종과 조정 관료들은 균전사를 파견하지 않는 대신에 해당 도의 감사가 균전사의 책임을 겸하여 양전을 총괄하도록 하는 방안을 채택했다.

그런데 도의 감사가 균전사를 겸직하는 방안은 여러 문제를 드러냈다. 1717년(숙종 43)에 양전에 대한 지침인 '양전사목'을 마련하여 본격적으로 양전을 추진하기 시작했음에도 불구하고 지방의 수령들은 여러 가지 이유를 들어 양전을 제대로 시행하지 않았고, 균전사의 직책을 맡은 도의 감사들은 수령들이 태업을 저지르는 데도 적절히 감독하고 독려하지 못했다. 사실 감사가 양전을 주관하도록 하는 방안은 10년 전인 1708년(숙종 34)에 강원도에서 양전을 실시하는 과정에서 이미 크게 실패했던 경험이 있었다. 당시 강원 감사 송정규는 정해진 지침을 어기고 자기 멋대로 양전을 하고 양전 실무를 맡은 감관들을 제대로 감독하지 않아 강원도민들이 양전을 피해 도망하거나 무리를 지어 산에 올라가 포를 쏘면서 항의하는 일까지 벌어진 끝에 결국 파직되는 사태가 벌어지기도 했다(『숙종실록』 숙종 34년 12월 13일).

1718년에 이르러 수령과 감사들의 태만을 방지하고 양전을 정상적으로 시행하기 위해 양전청量田廳이라는 중앙의 임시관청을 설립하는 새로운 대안이 만들어졌다. 중앙에서 지방에 균전사를 파견하는 것을 최대한 피하면서도 효과적으로 양전을 진행하기 위한 방안이었다. 양전을 위해 중앙에 임시 기구를 설치하는 것은 이미 1663년(현종 4)에 균전청均田廳을 설립한 사례가 있기도 했다. 그러나 중앙에 양전을 총괄하는 관청을 마련하는 방법도 큰 효과를 거두지는 못했다. 양전청에서 논의하고 결정한 사안을 지방에 전달해도 막상 제대로 이루어지지 않는 경우가 대부분이었던 것이다.

감사에게 균전사를 겸하도록 하는 방안, 중앙에 양전을 총괄하는 임시 관청을 설립하는 방안이 모두 실패로 돌아간 셈이다. 다시 중앙에서 지방에 균전사를 파견하는 방안이 유력하게 제기되었다. 중앙에서 균전사를 내려보내지 않으면 지방에서 수령들이 양전을 시행하도록 독려하고 감독하기 어렵다는 사실을 인정한 것이다. 결국 1719년에 균전사를 지방에 내려보내기로 결정하고, 경상도와 전라도, 충청도에 각각 1명씩 균전사를 선발하여 파견하기로 결정했다. 다만 이때 균전사를 1명씩 파견하면 업무에 무리가 있다고 판단하여 삼남을 각각 좌도左道와 우도右道로 나눈 뒤에 중앙에서 파견하는 균전사는 좌도를 담당하고, 우도의 균전사는 각도의 감사가 겸하여 업무를 나누도록 했다. 균전사를 파견하는 방안이 채택됨으로써 중앙에 설립한 양전청은 자연스럽게 폐지되는 수순을 밟았다. 숙종 대 양전 시행 방식에 대한 논의는 최종적으로 중앙에서 균전사를 파견하고, 균전사가 군현을 돌아다니면서 수령과 함께 양전을 수행하는 것으로 결정되었다. 경자양전은 바로 이러한 방식으로 추진되었다.

양전의 시행 방안에 대한 논의가 진행되는 것과 동시에 양전을 실시하는 데 필요한 규정과 지침을 마련하는 작업도 함께 이루어졌다. 양전의 규정과 지침을 보통 '양전사목量田事目'이라고 하는데, 이미 이전 시기에 양전을 수행하는 과정에서 마련되어 있는 양전사목을 바탕으로 수정과 보완을 거쳐 실제 양전에 적용할 새로운 사목을 만드는 과정이 필요했다. 숙종 대 양전 시행이 결정되고 나서 정부는 곧바로 양전의 세부 시행규정인 양전사목을 만드는 일에 착수했다. 기존의 양전사목들을 검토하고 새로 수정하거나 추가하는 작업을 거쳐 마침내 1717년 새로운 양전사목이 완성되었다. 영조 대 역대 임금의 수교受敎를 모아 편찬한 『신보수교집록新補受敎輯錄』에 실려 있는 이른바 '강희정유양전사목康熙丁酉量田事目'이 바로 그 결과물이다.

양전사목은 앞 시기 사목을 참고하면서도 새롭게 변화한 상황을 반영한다. 숙종 대 '강희정유양전사목'도 마찬가지이다. 예를 들어 앞서 살펴본 대로 양전사목이 작성되는 시점에는 중앙에서 균전사를 선발하여 파견하지 않고 도의 감사가 그 책임과 권한을 겸하는 방안이 채택된 상태였다. 이를 반영하여 이전 사목에서는 양전의 실무 담당자가 범죄를 저질렀을 때 중앙에서 파견하는 양전사가 이를 처벌하는 권한을 갖고 있었다는 점을 거론하면서, 이번에는 각 도의 감사가 이를 거행할 수 있다는 내용이 새로 추가되었다. 양전사목이 완성된 이후에도 실제 양전을 시행하는 과정에서 여러 가지 변경 사항이 발생하기 마련이므로, 사목에 규정된 사항들이 실제 양전에 그대로 적용되지 않는다는 사실에도 유의해야 한다. 양전사목의 내용 가운데 양전 실무에서 매우 중요하고 당시에도 논란이 있었던 몇 가지 항목을 살펴보도록 하자.

토지의 등급을 어떻게 정할 것인지는 양전 과정에서 국가와 농민 모두에게 가장 큰 관심사 가운데 하나이다. 앞서 살펴본 대로 토지의 등급에 따라 같은 면적이라도 결부수가 달라지게 되고, 이것이 각종 세금 납부액을 결정하는 기준이 되기 때문이다. 1717년의 양전사목은 예전 양안에 기록되어 있는 전품을 변경하지 않는다는 원칙을 제시한다.

> 여러 도의 논과 밭은 이전에 양전 작업을 여러 차례 거쳐서 등수의 높고 낮음이 이미 실상에 따라 양안에 기록되어 있으니 이것은 예전이나 지금이나 다름이 없을 것이다. 이번에 새로 양전을 할 때에 이전에 양전한 이후 새로 경작을 하게 된 곳의 등수는 토지의 비옥도에 따라 시행하되, 일찍이 이전부터 양안에 실려 있는 논과 밭의 등급은 올리거나 내리지 않는다.
>
> ─ 강희정유양전사목 『신보수교집록』

이 규정은 이미 기존 양안에 실려 있는 토지에 대해서는 새로 양전을 하는 과정에서 전품을 변경하지 못하도록 금지한 것이다. 갑술양전으로부터 이미 100년 가까운 시간이 지나 새로 양전을 실시하면서도 이전 양안에 실려 있는 전품을 수정하지 못하도록 한 규정은 양전을 시행하기로 결정하는 데 이르기까지 많은 반대가 있었던 점을 고려하여 양전을 원만하게 진행하기 위한 방편이었다. 하지만 전품의 변경을 원칙적으로 금지하는 것은 새로 양전을 하는 의의를 크게 축소하는 것이었다. 실제 양전을 하는 과정에서 전라도 균전사로 파견된 김재로가 이러한 규정이 토지의 비옥도 실상을 반영하지 못한다는 의견을 제시했다. 결국 조정에서의 논의를 거쳐 전품 변경을 금지하는 조항을 철회하는 대신 위아래로 1등급을 넘지 않도록 하는 선으로 완화되었다.

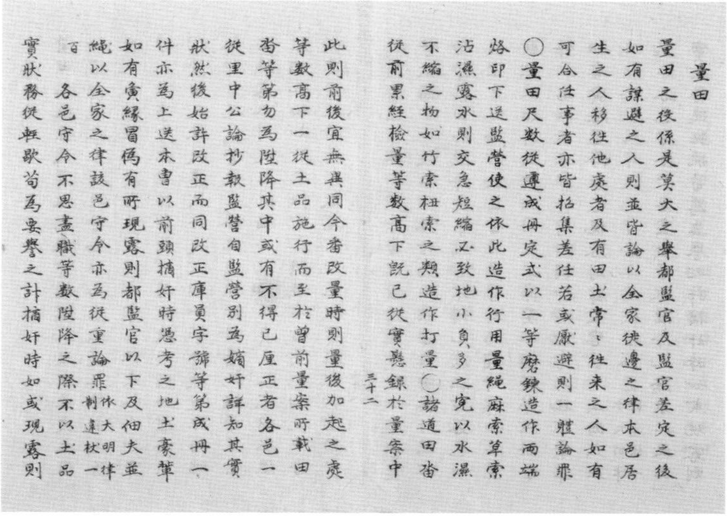
量田
量田之役係是莫大之舉都監官及監官差定之後
如有謀避之人則並皆論以全家徙邊之律本邑居
生之人移往他處者及有田土常常往來之人如有
可合任事者亦皆招集差任若或厭避則一體論罪
◯量田尺數從遵成冊定式以一等磨鍊造作兩端
烙印下送監營使之依此造作行用量繩麻索草索
沾濕露水則交急短縮不致地小負多之冤以水濕
不縮之物如竹索杻索之類造作打量◯諸道田畓
從前累經檢量等數高下既已從實懸錄於量案中
三十二
此則前後宜無異同今番改量時則量後加起之處
等數高下一從土品施行而至於曾前量案所載田
畓等第切爲陞降其中或有不得已釐正者各邑一
從里中公論抄報監營自監營別爲嫡奸詳知其實
狀然後始許改正而同改正庫員字號等第成冊一
件亦爲上送本曹以前頭摘奸時憑考之地土豪輩
如有夤緣冒僞有所現露則都監官以下及佃夫並
繩以全家之律該邑守令亦爲從重論罪依大明律制違杖一百
各邑守令不思盡職等數陞降之際不以土品
實狀務從輕歇苟爲要譽之計摘奸時如或現露則

그림 29 『신보수교집록』, 「강희정유양전사목康熙丁酉量田事目」, 서울대학교 규장각한국학연구원 소장

양전을 할 때 사용하는 척도를 결정하는 문제 또한 전품만큼이나 양전에 큰 영향을 미치는 사안이었다. 양전을 할 때 사용하는 척도는 앞서 살펴본 대로 세종 대에 확정되어 조선 전기에 작성된 『전제상정소준수조획』(이하 준수책)에 이미 분명하게 실려 있었다. 따라서 숙종 대 양전사목에서도 자연스럽게 여기에 실려 있는 기준에 따라 양전에 사용할 줄(양승量繩)을 제작하여 측량에 사용하도록 규정되었다.

> 양전에 사용하는 척수는 준수책[『전제상정소준수조획』]에 규정되어 있는 바를 따라 1개 등급의 자로 마련하여 만들고 양 끝에 낙인烙印하여 감영에 내려보내 이를 기준으로 만들어 사용하도록 한다. 양전에 사용하는 줄은 삼이나 풀로 만든 새끼줄로 하면 이슬이나 물기에 젖어 갑자기 줄어들 수 있으니, 땅이 좁은데 결부는 많다는 원망에 이르게 된다. 물에 젖어도 줄어들지 않는 대나무나 싸리나무 껍질 등으로 삼은 새끼줄로 만들어 타량한다.
>
> — 강희정유양전사목, 『신보수교집록』

위의 규정은 양전에 사용하는 척도가 얼마나 민감한 사안인

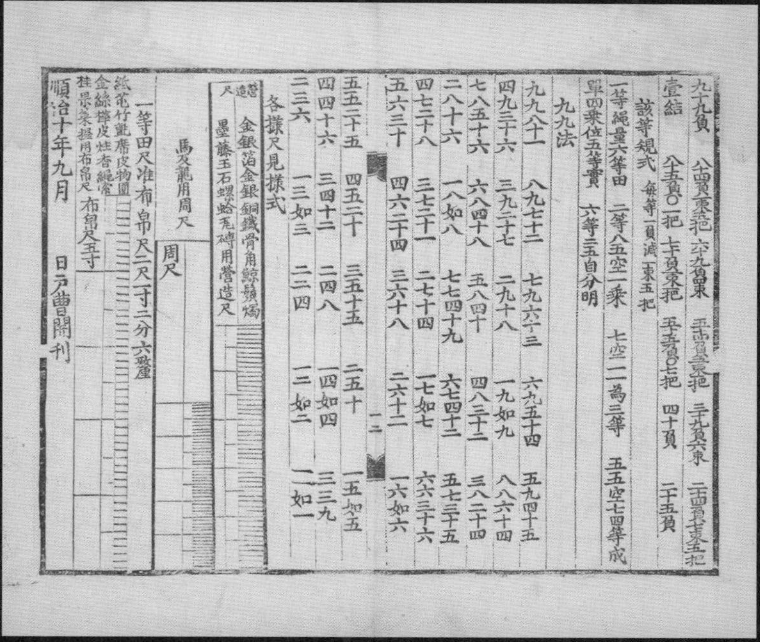
九十九負
壹結 四十負 二十五負
該等規式 每等一負減一束五把
一等繩量六等田 二等八五空一乘 七空一二爲三等 五五空七四等成
單四乘位五等實 六等三五自分明
九九法
九九八十一 八九七十二 七九六十三 六九五十四 五九四十五
四九三十六 三九二十七 二九十八 一九如九 八八六十四
七八五十六 六八四十八 五八四十 四八三十二 三八二十四
二八十六 一八如八 七七四十九 六七四十二 五七三十五
四七二十八 三七二十一 二七十四 一七如七 六六三十六
五六三十 四六二十四 三六十八 二六十二 一六如六
五五二十五 四五二十 三五十五 二五十 一五如五
四四十六 三四十二 二四八 一四如四 三三九
二三六 一三如三 二二四 一二如二 一一如一
各様尺見様式
營造尺 金銀箔金銀銅鐵骨角鯨鬚燭 墨藤玉石螺蛤瓦甎用營造尺
馬及龍用周尺
周尺
一等田尺准布帛尺二尺一寸二分六釐
紙花竹氈席皮物圓 金絲樺皮炷香繩索 布帛尺五寸
順治十年九月 日戶曹開刊

그림 30 『전제상정소준수조획』에 실려 있는 양전척, 서울대학교 규장각한국학연구원 소장

지를 잘 보여 준다. 중앙에서 줄을 만들어 지방으로 내려보내는 데 양 끝에 낙인을 하여 오해와 착오가 없도록 했으며, 물기에 젖어 조금이라도 줄어드는 상황을 사전에 방지하기 위해 줄을 만드는 소재까지 물에 젖어도 줄어들지 않는 것으로 지정할 정도였다. 다만 양전에 사용하는 척도는 준수책에 실려 있는 기준을 따른다는 것으로 충분했다. 위 그림의 가장 왼편에 있는 눈금이 있는 자 모양이 바로 양전척이다. 준수책에 실린 그림은 실제 양전척의 길이와 동일하다.

그런데 막상 양전 시행을 준비하는 과정에서 양전의 척도에 대한 논란이 발생했다. 일부 지역에 인조 대에 실시한 갑술양전에서 사용했던 줄이 남아 있었는데, 정부에서 새로운 양전을 위해 제작하여 내려보낸 줄과 비교해 보니 새로 만든 줄이 이전 것보다 약간 짧았던 것이다. 준수책에 실려 있는 바에 따라 새로 제작한 양전척은 갑술양전 당시에 사용한 척도보다 약 4.5-4.6cm(포백척 기준으로 1촌)이 짧았다. 짧은 척도로 측량을 하게 되면 면적이 더 넓게 측정이 되고 이는 결부수가 늘어나는 결과를 낳는다. 당시에도 짧은 척도로 양전을 하게 되면 경상도와 전라도에서만 거의 3-4만 결을 더 얻게 될 것이라는 추정이 나오는 실정이었다.

양척量尺을 다시 내려보냈는데, 이전 것에 비해 1촌寸 남짓 길었다. 이 때문에 이전에 측량한 곳을 또 바뀐 것을 가지고 측량했다. 대개 이전 양척은 짧아서 결부수가 많이 늘어나 사람들이 모두 불평하기 때문에 바꿔서 내려 보낸 것이다.

-『계암일록』1634년 10월 7일

김령의 일기에서 확인되는 바와 같이 갑술양전 당시에 사용한 척도가 준수책에 규정된 것보다 더 길어지게 된 이유도 이번과 마찬가지였다. 갑술양전 당시에도 중앙에서 준수책의 규정에 따라 만들어 내려보낸 척도가 이전에 사용하던 척도보다 더 짧다는 불만이 있어서 결국 다시 이전의 더 긴 척도로 돌아갔다. 짧은 기록이지만 새로 척도를 정해 내려보내고 다시 측량을 했다는 언급으로 보아 아주 조금의 차이라도 가볍게 용납될 수 없는 중대한 사안이었음을 짐작할 수 있다. 당시 조정에서도 이 문제가 논란이 되어 결국 임의로 기준과 어긋난 척도를 새로 내려보낸 호조 관원들을 파직시키는 사태가 벌어지기도 했다. 그러나 이후에 인조는 최종적으로 새로 내려보낸 척도를 그대로 사용하라고 결론을 지었다. 언제인지 정확히 알 수 없으나 준수책에 마련된 기준보다 1촌 정도 더 긴 척도가 사용되어 오다가 갑술양전을 거치면서 국가에 의해 공식적으로 승인이 된 것이다.

결부가 늘어나 불만을 사더라도 준수책에 기재된 척도를 사용할 것인지, 아니면 정해진 규정과 맞지 않더라도 불만을 줄이기 위해 갑술양전에서 실제로 사용했던 척도를 사용할 것인지는 쉽게 결론을 내리기 어려운 사안이었다. 양쪽의 의견 모두 나름의 근거와 명분이 있었다. 논의 과정에서 언급된 바와 같이 "법의 뜻으로 말한다면 마땅히 준수척을 써야 할 것이나, 근래에 척도의 일로 민간에서 소요하여 '조정에서 전결田結을 더 얻으려 한다'고 우려한다"는 것이다. 어떠한 척도를 사용할 것인가의 문제는 팽팽한 의견 대립을 거친 끝에 1719년 가을에 이르러 이번에도 민심을 따라 과거 갑술양전 당시에 사용하던 척도를 그대로 유지하는 방향으로 결정되었다.

양전 조직과 토지의 측량

양전을 시행하는 방안을 결정하여 인원과 조직을 마련하고, 양전을 실시하는 데 필요한 규정과 지침이 확정되고 나면, 이제 본격적으로 전국 각지에서 양전이 시작된다. 양전의 전체 과정은 크게 3단계로 나누어 볼 수 있다. 첫째는 실제 현장에 나가 토지의 상태를 파악하고 측량하는 과정이 필요하다. 양안에 등록될 토지를 확인하고 각 필지의 등급, 모양, 가로세로 길이 등을 측량하고 등록자를 조사하는 이 과정을 '타량打量'이라고 불렀다. 두 번째는 타량을 통해 얻은 자료들을 토대로 양안의 초안草案을 작성하는 과정을 거친다. 이 단계에서 타량으로 확보한 정보를 양안의 기재 양식에 맞게 정리하여 기록하고 동시에 토지 모양과 척수를 기준으로 면적을 계산하고, 면적과 전품을 토대로 결부수를 산출하는 과정이 이루어진다. 초안 작성에서 핵심이라고 할 수 있는 결부수를 구하는 과정을 '해부解負'라고 한다. 마지막 세 번째 단계에서는 초안을 검토하여 잘못된 내용을 수정하고, 이것을 깨끗하게 옮겨 적어 정안正案을 완성하게 된다.

경자양전을 기준으로 구체적인 양전의 과정을 단계별로 살펴보기로 하자. 중앙에서 각도로 파견되는 균전사가 도 단위 양전의 과정 전체를 총괄하고, 균전사는 양전의 실무를 위해 군현 단위로 조직을 구성한다. 군마다 도도감都都監을 두고, 그 아래에 면마다 면도감面都監을 설치했으며, 마지막으로 면도감 아래에 분소分所를 마련했다. 도도감과 면도감은 군·면에 1곳이 설치되고, 가장 아래에서 타량의 실무를 담당하는 분소는 대개 1면에 2곳이 설치되었다. 분소에는 지시인指示人 1명과 줄사령乺使令

그림 31 경자양전의 양전 시행
조직

1-2명이 소속되고, 이들을 감독하면서 타량 실무를 수행하는
분소도감이 2명 배치되는 것이 보통이었다.

　이러한 조직 구성을 바탕으로 양전의 첫 번째 단계인 토지
를 조사하고 측량하는 '타량' 과정이 시작된다. 경자양전은 갑
술양안의 결과를 기준으로 하여 양전 작업이 진행되었다. 타량
단계에서는 직접 현장에 나가 갑술양안에 등록된 토지를 기준
으로 새로 개간하여 농경지가 늘어났거나 과거에 경작했으나
지금은 경작하지 않는 등의 변동 사항을 확인하고, 순서를 정하
여 필지마다 자호와 지번을 확인하면서 토지의 모양을 확정하
고 가로세로 길이 등을 측량하고 양전 방향, 사표, 등록자의 이
름 등을 기록하게 된다. 원칙적으로는 현장에서 토지 비옥도와
주변 환경, 농형 등을 살펴 전품을 새로 정하는 작업도 병행해
야 했으나, 경자양전에서는 양안에 이미 올라 있는 토지의 전품

을 변경하지 않기로 했기 때문에 이 작업은 큰 비중을 차지하지 않았을 가능성이 높다.

　면마다 대개 2곳씩 마련된 분소는 현장에 나가 타량의 실무를 담당한 조직이었다. 분소는 분소도감(감관) 2명, 지시인 1명, 줄사령 1-2명의 인원으로 구성되어 있었다. 직임의 명칭에서 짐작할 수 있듯이 지시인과 줄사령이 현장의 실무를 맡은 존재들이었고, 분소도감은 이들의 업무를 총괄하면서 면도감, 도도감에 작업 결과를 보고하고 상급 기구의 지시를 전달하는 역할을 수행했다. 다만 지시인과 줄사령 2-3인으로 구성된 분소 조직에 분소감관이 2명씩 배치되어 있던 것으로 미루어 분소감관이 단순히 감독 업무만을 맡은 것은 아니고 현장에서 실무를 지휘하는 역할을 함께 수행했던 것으로 보인다. 【그림 32】는 숙종대 경자양전 과정에서 작성된 문서들을 모아놓은 『양전등록』의 일부인데, 군 단위 양전 조직과 역할, 급료 등에 대한 규정을 보여 준다.

　분소감관 2명, 지시인 1명, 줄사령 1-2명으로 구성된 분소 조직은 현장에 나가 토지를 직접 조사하고 측량한 뒤에 그 결과를 기록했다. 경자양전에서는 하루 동안에 갑술양안의 토지 3결을 표준 작업량으로 규정했다. 분소감관이 당일 양전할 대상 토지의 목록을 확인하여 현장에 지니고 나갈 장부를 만들고 나면,

분소감관과 지시인, 줄사령이 함께 현장에 나가 해당 필지의 상태를 확인하고 순서대로 자호, 지번, 양전 방향과 사표, 토지의 모양 등의 정보를 기록했을 것이다. 가지고 나온 줄을 가지고 토지의 가로 세로 길이를 측량하는 작업은 분소감관이 지켜보는 가운데 지시인이 줄사령과 함께 수행하고 이를 분소도감이 받아 적었을 것이다.

6개 전품마다 규정된 척도가 각기 다르지만, 실제로는 1등의 척도를 사용하여 측량한 뒤에 환산하도록 했으므로, 실제 사용하는 척도는 하나뿐이다. 명칭으로 보아 지시인이 측량을 주도하고 줄사령은 보조적인 역할을 했을 가능성이 높다. 분소도감은 지시인과 줄사령이 측량하는 과정을 감독하고, 측량한 결과를 문서에 기록했다. 1개 필지의 작업이 끝나면 다시 다음 필지로 이동하여 같은 작업을 반복한다. 분소 1곳이 하루에 타량하는 면적이 갑술양안 기준 3결 규모이고, 면마다 대개 2곳의 분소가 마련되어 있었다. 각 면마다 1일에 갑술양안의 결부수 기준으로 모두 6결의 토지를 타량하는 속도로 작업이 진행되었음을 알 수 있다.

타량 작업이 진행되는 사이에 농민들이 사적으로 토지를 측량하는 경우도 있었던 모양이다. 1634년 갑술양전 당시의 상황을 전하는 김령의 『계암일록』 가운데에는 "농민들이 모두 들로 나가서 사적으로 양전을 했다(1635년 1월 8일)"는 기록이 보인다. 전후맥락으로 보아 공식적인 타량 과정에서 서로 의견이 달라 갈등이 생길 것을 우려하여 농민들 스스로 미리 양전 결과를 예상해 보려 했던 것으로 보인다. 짧은 기록이기는 하지만, 타량 작업이 양전 담당자들과 농민들 모두에게 매우 민감한 사안이었음과 동시에 토지에 대한 조사와 측량이 결코 허투루 진행되기 어려웠음을 확인할 수 있다.

면도감은 분소도감 위에서 면 단위 작업을 총괄했다. 경자양전이 면을 단위로 분책되는 방식으로 작성되었다는 점을 고려하면, 면도감은 해당 면의 양전 결과를 책임지는 인물이었다고 할 수 있다. 면도감의 경우 급료가 50일에 한하여 지급되었는데, 이는 면 단위의 타량 작업이 대개 50일을 넘지 않았음을 보여 준다. 면마다 1일에 6결씩 타량이 이루어지므로, 1개 면의 토지는 대개 300결을 넘지 않았던 모양이다. 면도감의 업무가 50일로 한정되어 있다는 점은 면도감이 맡은 역할이 타량 작업의 최종 결과를 제출하는 데까지임을 보여 준다. 타량이 모두 끝나면 면도감은 분소의 작업 결과를 모두 모아 자신이 담당하는 면의 타량 결과를 기록한 초안을 작성하여 도도감으로 올려보내는 것으로 임무를 마친다.

> 근래에 양전하는 것 때문에 마을이 동요되고 요란스러웠다. 안동 동후東後 지역의 감관인 류동립柳東立이 더욱 강압적이고 모질게 했는데, 조금이라도 뜻대로 되지 않으면 채찍질과 몽둥이질을 함부로 했다.
>
> — 『계암일록』 1634년 9월 25일

김령이 남긴 위의 기록에 의하면 갑술양전 당시 류동립이라는 인물이 안동 동후면을 관할하는 감관의 역할을 맡았는데, 조금이라도 자기 뜻대로 되지 않으면 채찍질과 몽둥이질을 함부로 하는 등 매우 강압적이고 모질게 굴었다고 한다. 류동립이 채찍과 몽둥이를 휘두른 대상이 자신 밑에서 양전 실무를 맡은 분소감관 이하의 지시인이나 줄사령이었는지, 아니면 토지를 경작하는 농민들이었는지는 알 수 없다. 그렇다고 해도 면 단위 양전을 총괄하는 면도감의 권한과 위세는 상당한 수준이었음을 짐작할 수 있다.

양전 과정에서 농민들과 양전을 담당하는 감관 사이의 관계는 아무래도 원만하지 않았을 가능성이 높다. 실제로 갑술양전 과정에서 농민들이 양전 담당관을 살해하는 사건이 벌어지기도 했다. 충청도 신창현에 감관으로 안일이라는 인물이 서산에서 파견되어 왔는데, 그는 나이가 어렸지만 한결같이 양전사목의 규정대로 양전에 임했다고 한다. 그런데 그가 엄격하게 규정대로 양전을 하는 데 불만을 가진 신창현의 백성들이 모두 안일을 싫어하여 결국 몰래 그를 살해하는 지경에 이르렀다(『인조실록』 인조 12년 11월 16일).[9] 세금과 직결되는 토지의 조사와 측량은 이처럼 농민들에게나 실무를 맡은 감관들에게나 결코 가벼운 일이 아니었다.

결부 산정과 양안 작성

양전의 첫 단계인 타량 작업이 마무리되면 이어서 두 번째 단계인 '해부와 초안 작성으로 나아간다. 면 단위에서 조사와 측량을 거쳐 1차로 만들어진 장부는 새로운 양안을 작성하기 위한 기초 정보가 수록되어 있지만, 세금을 부과하기 위한 장부로서 양안의 기능에 핵심적인 정보인 결부수가 아직 들어있지 않다. 군현 단위를 총괄하는 도도감은 면 단위에서 수집한 자료들을 토대로 산사算士 및 서사書士와 함께 결부수를 계산하고 균전사에게 보고할 초안을 작성한다. 면도감의 급료가 50일로 한정되어 있는 것과 달리 도도감의 경우는 7개월을 기한으로 급료가 배정되었다. 도도감의 업무는 최대 7개월 정도로 예상되었던 것이다. 도도감 아래에는 계산을 담당하는 산사 3명과 초안에 글씨를 정서하는 서사 1명이 배치되었다.

산사는 양안의 핵심 정보인 결부수를 계산하여 산출하는 업무를 담당한다. 이들은 각 필지의 전형과 장광척수를 기초로 하여 필지의 면적을 계산하고, 각 필지의 전품에 따라 계산한 면적을 결부수로 환산하는 작업을 한다. 이러한 과정을 '해부'라고 불렀다. 산사 3인은 매일 새로 작성하는 양안의 결부수 기준으로 30자, 즉 150결의 해부를 담당한다. 『전제상정소준수조획』

(이하 준수책)의 내용을 토대로 어떻게 해부를 하는지 살펴보도록 하자. 준수책에서 토지의 측량에 대한 지침을 설명하는 '타량전지打量田地'의 가장 마지막 11번째 조목 내용은 다음과 같다.

> 양전지산책量田地算冊 안의 여러 유형의 전형田形을 산법算法이 미숙한 사람이 곱하고 나누는 과정에서 반드시 일이 지연될 것이니, 다만 사람들이 쉽게 알고 있는 방전方田, 직전直田, 제전梯田, 규전圭田, 구고전勾股田 등의 전형으로 유형을 정해 측량하면 편리할 것이다. 또한 6등급의 토지마다 별개의 줄을 각각 사용하여 측량하면 번잡하고 틀리기 쉬울 뿐만 아니라 줄을 잡는 사람들이 폐단을 일으킬 수 있으니, 앞으로는 6등급 토지의 실적을 1등전의 줄로 [측량하고] 6등급의 결부로 추계推計하는 것을 양전의 규식으로 삼는다.
>
> ─ 『전제상정소준수조획』 타량전지

위의 조문 내용은 크게 두 가지인데, 첫째는 편의를 위해 현실의 복잡하고 다양한 토지 모양을 정사각형(方), 직사각형(直), 사다리꼴(梯), 삼각형(圭), 직각삼각형(勾股)의 5가지 유형으로 단순화하여 토지를 측량하고 면적을 계산한다는 것이다. 둘째는 위에서 이미 살펴본 바와 같이 원칙적으로 6등급의 전품마다 각각 척도가 마련되어 있으나, 측량 과정의 편의를 위해 모든 토지를 1등급 척도를 기준으로 측량한 다음 각 등급에 따라 결부로 환산한다는 것이다. 1등전 양전척은 1만 제곱척이 1결(100제곱척=1부, 10제곱척=1속)이 되도록 설정되어 있다.

위의 조문 다음에는 5가지 유형의 토지 모양에 대해 면적을 계산하고 이를 결부로 환산하는 방법을 각각 사례를 들어 도형의 그림과 함께 다음과 같이 소개한다.

1) 1면의 길이가 99척인 방전方田은 토지가 얼마인가? 답은 98부負이다. 이를 구하는 방법은 정사각형의 한 면 99척을 서로 곱하면 9801척을 얻으니, 이것이 98부 1파把이다.

2) 장長이 74척이고, 광廣이 44척인 직전直田은 토지가 얼마인가? 답은 32부 5속束이다. 이를 구하는 방법은 장 74척과 광 44척을 곱하면 3256척을 얻으니, 이것이 32부 5속이다.

3) 밑변(勾濶)이 33척이고, 높이(股長)가 64척인 구고전勾股田은 토지가 얼마인가? 답은 10부 5속이다. 이를 구하는 방법은 밑변 33척과 높이 64척을 곱하여 2112척을

얻고 이를 반으로 나누면 1056척이니, 이것이 10부 5속이다.[10]

도도감의 감독 아래에서 산사들은 위의 방법에 따라 면 단위에서 올라온 자료에 기재되어 있는 각 필지의 전형과 장광척수를 기초로 각 필지의 면적을 계산한다. 준수책의 뒷부분에는 '구구법九九法'이라는 항목이 있는데, 구구단의 곱셈 결과를 모두 나열하여 면적 계산에 활용할 수 있게 했다. 이렇게 각 필지의 면적을 계산한 뒤에는 이를 결부수로 환산한다.

그런데 앞서 설명한 대로 5가지 유형의 토지 모양에 따라 면적을 계산하여 구한 결부수는 모두 1등급의 토지를 기준으로 한다. 따라서 이를 각 필지의 전품에 따라 각 등급에 맞는 결부수로 환산하는 작업을 해 주어야 한다. 준수책은 면적과 결부수를 구하는 방법에 이어 1등급을 기준으로 측량한 토지를 각 등급에 맞는 결부로 환산하는 방법을 마찬가지로 구체적인 사례를 들어 설명한다.

1등전의 줄로 측량하여 14부 7속을 얻었다. 2등전이라면 12부 5속으로 고친다. 1등전 14부의 행行 아래에서 2등전결을 찾으면 11부 9속이며, 1등전 7속의 행 아래

今有勾股田勾問三十三尺股長六十四尺問
田幾何　答曰十○負五束
法曰置勾問三十三尺以股長六十四尺
乘之得二千一百十二尺折半得一千○
五十六尺即為十○負五束
今有梭田大頭問一百二十三尺小頭問八十
七尺長一百四十三尺問田幾何
答曰一結一百四十○負一束
法曰置大頭問一百二十三尺加小頭問
八十七尺得二百十尺折半得一百○五
尺以長一百四十三尺乘之得一萬五千
○十五尺即為一結五十負一束

今有圭田長一百五十五尺問八十八尺問田
幾何
法曰置長一百五十五尺以問八十八尺
乘之得一萬三千六百四十尺折半得六
千八百二十尺即為六十八負二束

以壹等田繩打量得肆負柒束柒把他田倣此
拾貳負玖束以壹等結下貳等結內伍
拾壹負玖束以壹等結下貳等結內
束共得拾伍負伍束他田倣此

以壹等田繩打量得拾捌負玖束拾捌負行下叄等結內
拾叄員貳束置壹等拾肆負玖束行下叄等則改
以壹等田繩打量得拾捌負玖束拾捌負行下叄等結內

에서 2등전결을 찾으면 5속 9파이다. 이 둘을 더하여 12부 4속 9파이므로[파는 6 이상이면 1속으로 (올려서) 거둔다], 12부 5속을 얻는다. 다른 등급도 이와 같이 한다.

여기에서 1등전 14부의 행 아래에서 2등전에 해당하는 수치를 찾는다고 할 때 활용하는 기준표가 바로 '타량전지' 항목 다음으로 제시되는 '준정결부准定結負'이다. 준정결부는 위의 그림과 같이 1등전의 척도로 측량하여 실적을 계산하고 결부를 구한 토지를 실제 등급에 맞는 결부로 환산할 수 있도록 해 준다. 위의 그림에서 가장 첫 번째 줄이 1등이고, 그 아래의 줄은 각각 2등부터 6등까지 등급에 따라 환산한 수치이다.

전품별 결부 환산표라고 할 수 있는 준정결부는 계산에 쉽게 활용할 수 있도록 1속부터 9속까지 9개 항목, 1부-99부 사이의 99개 항목, 1결의 1개 항목을 합하여 109개 항목에 대해 1등전을 기준으로 2등부터 6등까지 이에 해당하는 결부수를 여러 페이지에 걸쳐 모두 나열하는 방식으로 작성되었다. 이 내용을 표 형태로 제시하면 아래와 같다. 109개 항목의 모든 수치를 나열할 수는 없으므로, 원리를 보여 줄 수 있는 행 위주로 표현했다.

	1등	2등	3등	4등	5등	6등
1속	1속	8파	7파	5파	4파	2파
2속	2속	1속 7파	1속 4파	1속 1파	8파	5파
3속	3속	2속 5파	2속 1파	1속 6파	1속 2파	7파
			(중략)			
9속	9속	7속 6파	6속 3파	4속 9파	4속	2속 5파
1부	1부	8속 5파	7속	5속 5파	4속	2속 5파
2부	2부	1부 7속	1부 4속	1부 1속	8속	5속
			(중략)			
98부	98부	83부 3속	68부 7속	53부 9속 6파	39부 2속	24부 5속
99부	99부	84부 1속 5파	69부 4속	54부 5속 1파	39부 6속	24부 7속 5파
1결	1결	85부 1파	70부 1속 1파	55부 7파	40부	25부

표 1 준정결부 환산식 도표

예를 들어 1등전의 줄로 측량하여 2결 2부 9속의 결부수를 얻은 토지가 실제 등급이 3등전이라고 가정해 보자. 위의 표에서 1등전 1결은 3등전 70부 1속 1파이며, 2부는 1부 4속, 9속은 6속 3파로 환산된다. 이 값을 전부 더하면 72부 1속 4파이며, 파 단위에서 6 이하는 버리므로, 최종 계산값은 72부 1속이다.

1등전 1결	= 3등전 70부 1속 1파
1등전 2부	= 3등전 1부 4속
1등전 9속	= 3등전 6속 3파

$$1등전 1결 2부 9속 = 3등전\ 72부 1속 4파$$
$$\rightarrow 3등전\ 72부 1속$$

산사가 위와 같은 방법으로 필지마다 면적과 결부수를 계산을 하면, 서사는 이를 바탕으로 균전사에게 보고할 양안의 정서본 초안을 작성한다. 도도감의 업무 기한이 최대 7개월이었다는 사실을 고려하면, 서사의 작업 기간도 마찬가지로 최대 7개월이었다고 예상할 수 있다. 서사의 업무량은 1일에 새로운 양안 결부수 기준으로 3자호로 정해져 있었다. 서사 1명이 정서하는 분량은 최대 3자호×5결×30일×7개월=3,150결이었던 셈이다. 양전이 시작되자마자 서사가 바로 작업을 하는 것은 아니지만, 대략 서사 1인이 3000결 내외 분량의 정서본 초안을 작성했다고 이해하면 크게 틀리지 않을 것이다. 아래 그림은 서울대학교 규장각한국학연구원 역사지리정보서비스가 제공하는 수치 정보 가운데에서, 영조 대 작성된 『여지도서』에 실려 있는 내용을 토대로 각 군현별 토지 결수를 그림으로 나타낸 것이다.[11] 강원도, 경기도, 경상도의 내역만이 제공되고 있기는 하지만, 경상도의 경우 군현별 토지 결수가 3000결 내외 수준이었음을 개략적으로 확인할 수 있다.

군현 단위의 정서본 초안이 작성되면 양전의 두 번째 단계

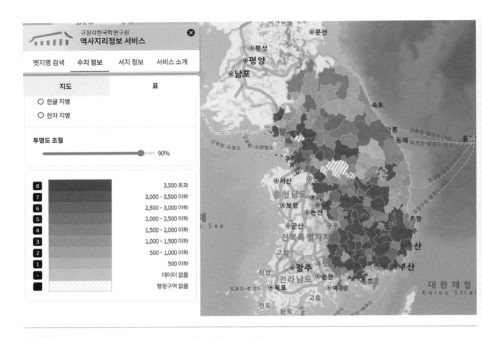

그림 35 규장각한국학연구원 역사지리정보서비스 수치정보(여지도서, 토지 결수)

가 끝난다. 군현은 작성한 정서본 초안을 균전사에게 올려보내는 것으로 업무를 마무리하는데, 사실상 이것으로 지방 군현 수준에서 이루어지는 모든 작업은 끝이 난다고 할 수 있다. 이때부터 양전의 마지막 단계인 '정안正案'을 작성하는 작업이 시작된다. 정안 작성 단계에서 가장 핵심적인 사안은 군현 단위에서 작성하여 올려보낸 양안 초안을 검토하여 오류가 있는지를 점검하고, 각 지역에 작성한 내용들을 통일된 양식에 맞추어 깨끗하게 옮겨 적는 일이다.

균전사가 관할하여 군현 단위에서 작성한 양안의 초안을 검토하고 오류를 수정하는 작업은 매우 손이 많이 가는 일이었다. 군현 단위에서 산사들이 토지의 면적을 계산하고 이를 등급에 따라 결부수로 환산하는 작업은 위에서 본 대로 상세한 매뉴얼이 있음에도 불구하고 착오가 상당했던 것 같다. 균전사는 군현에서 작업을 마친 산사들을 자신이 근무하는 도회소로 불러들여 초안의 검토를 대대적으로 수행했다. 산사들의 검토를 통해 지번의 순서가 어긋나거나 숫자에 오류가 있는 부분이 발견되면 현지의 확인을 거쳐 수정했다. 초안에 대한 검토와 수정에도 약 1개월 이상의 시간이 소요되었다.

양안 초안에 대한 검토와 수정이 마무리되면 남은 작업은 이것을 깨끗하게 옮겨 적어 양전 사업의 최종 결과물인 양안의 정안正案을 작성하는 일만 남는다. 그런데 이 단계의 작업은 더 이상 토지 조사가 이루어진 현지에서 굳이 진행할 필요가 없다. 경자양전의 경우 각도의 우도는 감사가 균전사를 겸직하도록 했기 때문에 감영에서 정안을 작성할 수 있는 우도는 별문제가 없었다. 하지만 중앙에서 파견되어 온 좌도의 균전사는 군현에 설치된 임시 도회소에서 작업을 했기 때문에 이를 고려할 필요가 있었다.

경상도에서는 좌도 균전사가 정안 작성을 직접 마무리하지 않고 자료를 모두 경상도 관찰사에게 넘겨서 경상우도의 정안과 함께 경상도 관찰사가 좌도의 정안 작성까지 맡는 방식으로 진행이 되었다. 전라도의 경우는 우도는 관찰사가 감영에서 임무를 마쳤지만, 좌도 균전사는 자료를 가지고 한성으로 올라가 정안 작성을 마무리했다. 현존하는 경자양전을 살펴보면, 경상도는 군현별로 양안 기재 양식이 통일되어 있는 반면, 전라도는 좌도와 우도 사이에 차이가 있다. 정안 작성이 한성과 감영에서 각각 별도로 진행되면서 기재 형식의 차이가 조정되지 않았던 것이다.

군현 단위의 서사가 1일에 작업하는 분량이 3자호, 즉 15결로 규정되었음을 감안하면 정안을 작성을 담당하는 서사들의 경우도 크게 다르지 않았을 것이다. 양전사업의 결과물인 양안은 모두 3부를 작성하여 호조, 감영(도), 군현에 각각 보관한다. 도 전체의 양안을 군현별로 모두 3부씩 제작해야 했으므로 정안 작성에도 상당한 기간이 소요되었다. 현재까지 남아 있는 경자양전에 기재되어 있는 정안의 작성 시기도 도와 군현별로 꽤 차이가 나는 편이다.

균전사가 한성으로 올라가 정안 작성을 마무리한 전라좌도의 경우 현존하는 양안들이 모두 1720년에 작성되었다고 기록되어 있다. 작성 시기 가운데 월이 표시되지 않은 경우도 있지만, 화순현 양안이 1720년 9월, 남원현이 1720년 12월에 작성되었다고 한 것으로 보아 군현별로 순차적으로 작업을 했음을 알 수 있다. 전라우도의 경우 전주부가 1720년에 마무리된 반면, 고산현은 1721년 9월에 작성이 완료되었는데, 정안 작성이 마무리되는 데 1년 가까운 시차가 나기도 했음을 알 수 있다. 감영에서 좌도와 우도에 속한 군현 모두를 담당했던 경상도는 완성 시기의 차이가 더욱 크다. 의성현의 경우 1720년 1월에 정안 작성이 끝났는데, 이 사례는 타량과 초안 검토 작업이 빠르게 마무리된 군현의 경우 바로 정안 작성으로 들어갔음을 보여 준다. 완료 시기가 상대적으로 늦은 용궁과 예천의 경우 1722년에 이르러서야 양전사업이 마무리되기도 했다.

이렇게 양전을 시행하기로 결정한 뒤에 양전의 시행 방식과 조직, 시행 규정이 마련되고, 구체적인 양전의 3단계 과정을 모두 거친 결과로 양안 작성이 마무리된다. 직접적인 양전 기간에만 한정해도 최소 6개월에서 평균적으로 1년, 길게는 2년 이상이 소요되는 장기간에 걸친 대규모 사업이었다. 아래 그림은 이러한 과정을 거쳐 완성된 경자양안의 모습으로, 현존하는 경자양안 가운데 가장 마지막에 완성된 경상도 용궁현 양안이다.

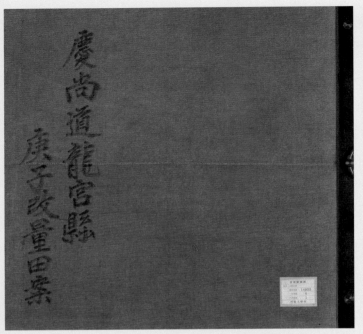

그림 36 『용궁현경자개량전안』표지, 서울대학교 규장각한국학연구원 소장

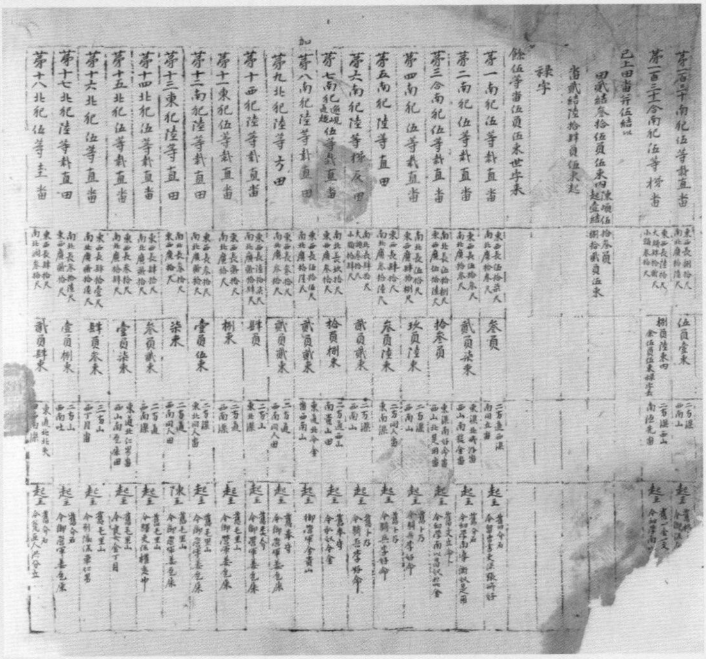

그림 37 『용궁현경자개량전안』속지, 서울대학교 규장각한국학연구원 소장

5
___

양안의 활용

양전사업이 마무리되면 모두 3부의 양안이 완성되어 호조, 도, 군현에 각각 보관된다. 이렇게 완성된 양안은 국가와 민간에서 이루어지는 세금 및 토지와 관련한 모든 활동의 가장 기초적이고 핵심적인 근거가 된다. 양안은 국가가 세금을 거두기 위한 기초 장부로 작성한 것이므로 국가의 부세 행정의 원천 자료 역할을 한다. 또한 앞서 살펴본 대로 양안은 국가가 공식적으로 작성한 장부이므로, 민간의 토지 거래와 상속 등에서나 토지와 관련한 소송에서도 양안에 기재된 정보가 최종적인 근거로 기능했다.

    그런데 양안 그 자체는 국가와 민간에서 필요할 때 수시로 꺼내서 직접 활용할 수 있는 성질의 것이 아니었다. 애초에 면 단위의 토지 전체에 대한 정보를 1권의 책으로 제작하는 양안의 실물은 크기가 매우 크고 두꺼우며 매우 무겁다. 앞서 살펴본 경상도 용궁현의 경자양안은 가로 세로의 길이가 63×68cm이고, 1책이 300매가 조금 넘는다. 경상도는 대개 세로 63-67cm, 가로 64-70cm로 가로가 더 긴 형태이며, 전라도의 경우 세로 59-63cm, 가로 45-51cm로 세로가 더 긴 형태다. 광무양전사업으로 작성한 충청도 아산군 양안 역시 63×36cm의 크기이고, 1책이 350매 내외이다. 현재 출판되는 책의 경우 소설에서 많이 쓰이는 신국판이 15.2×22.5cm, 대학의 전문 교재 등에 활용되는 A4판이 21×29.7cm라는 점과 비교해 보면, 양안 실물이 얼마나 큰지 짐작할 수 있다. 크기가 클 뿐만 아니라 양안 정안을 제작할 때는 장지壯紙라는 두껍고 단단한 종이를 사용하기 때문에 부피도 크고 매우 무거워진다.

필자가 규장각한국학연구원에 근무할 당시에 직접 양안을 다루어 본 경험이 있는데, 실제로 성인 혼자서 양안 1권을 들기 어렵다. 따라서 양안을 꺼내거나 옮길 때는 당연히 자료를 안전히 보존하기 위해 절대 혼자서 작업을 하지 않는다. 양안이 이렇게 크고 두껍고 무거운 장부라는 사실은, 양안이 수시로 꺼내어 실무에서 직접 활용되는 장부가 아니라 평상시에는 모든 토지와 세금 관련 국가 행정의 최종적인 근거로서 고이 보관되는

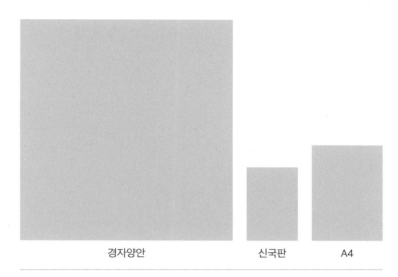

| 경자양안 | 신국판 | A4 |

그림 38 양안 실물의 크기 비교

장부라는 점을 보여 준다. 따라서 실제 행정에서는 양안에서 각기 목적에 따라 필요한 정보를 베껴 내어 새로운 장부나 문서가 만들어졌다.

양안 작성의 가장 중요한 목적 가운데 하나인 세금의 부과를 위해 양안을 토대로 만들어진 장부가 '행심책行審冊'이다. '행심行審'이란 실제 세금을 부과할 토지를 해마다 직접 조사하는 과정을 가리킨다. 양전을 통해 전체 토지 결부수, 실제 농사를 짓는 토지와 짓지 않는 토지, 여러 가지 사유로 인해 세금이 면제되는 토지 등이 파악되지만, 이러한 상황은 해마다 변화한다.

또한 양전이 애초에 매우 오랜 기간에 걸쳐 한 번씩 시행되므로, 그 사이에 새로 경작하는 토지가 생기기도 하고, 양안에 등록된 주인과 작인에 변동이 일어나기도 한다. 따라서 토지에 세금을 부과하기 위해서는 양안을 토대로 해마다 일어나는 다양한 변화를 반영하는 행심의 과정이 필요하다. 행심책은 이러한 행심의 결과를 담은 장부이다.

경자양전을 시행할 당시의 기록을 보면, 양안의 초안을 각 군현에 남겨 두어 매년 행심을 할 때마다 새로 바뀐 내용을 상지(裳紙)로 덧붙여 가면서 사용하는 것이 일반적인 관례였다고 한다. 양안 작성 과정에서 최종 정안을 작성하기 직전에 만들어진 초안을 군현에서 행심책으로 활용하기도 했음을 보여 준다. '상지'란 책의 원래 내용을 그대로 두고 그 위에 종이를 덧붙여 바뀐 정보를 계속 첨가하는 방식을 가리킨다. 마치 현재의 '포스트잇'과 같은 형태로 상지를 붙여 변화하는 이력을 계속 추가하는 것인데, 상지라는 명칭은 그 모양이 마치 치마(裳)와 비슷하다고 하여 붙여진 이름이다.

아래 그림은 상지를 덧붙여 가면서 작성하는 행심책의 모습을 잘 보여 준다. 자료는 규장각한국학연구원에 소장되어 있는 『종친부전답안』(奎9752) 가운데 실려 있는 전라도 무안군 일서면의 행심책이다. 일반적인 양안의 형식을 갖추어 작성한 문

그림 39 『종친부전답안』에 실린 무안군 일서면의 행심책, 서울대학교 규장각한국학연구원 소장

서에 종이를 덧붙여 필요한 정보를 새로 적어 넣은 것을 확인할 수 있다. 위의 그림은 모두 같은 면을 촬영한 것인데, 붙어 있는 여러 장의 상지를 하나씩 들추면서 그 아래에 적혀 있는 내용을 각각 따로 확인할 수 있도록 촬영했다. 바탕이 되는 양안 형식의 내용과 달리 새로 덧붙여 넣은 내용들은 제대로 판독하기 어려운 기호와 글자로 기록되어 있다. 당사자만이 의미를 제대로 알 수 있는 방식으로 작성되었다는 사실은 행심책이 실제의 업무 담당자가 작성하여 실무에 활용한 장부였음을 보여 준다.

행심책 가운데는 양안의 기본적인 양식을 유지하지 않고, 필요한 사항들만을 간략하게 베껴 만드는 경우도 있었다. 위에서 살펴본 무안군 일서면의 행심책도 해당 지역 양안의 전체 내용을 모두 적은 것이 아니라 종친부에서 자신들 소관의 토지만을 따로 뽑아 작성한 것이었다. 아래 그림은 「억기사이도율산리정속행심책憶岐社二道栗山里正續行審冊」으로, 이 자료 역시 규장각 소장의 『영흥부억기사타량대장등서(古大4258,5-15)』의 일부이다. 함경도 억기사憶岐社의[12] 율산리 지역에 대한 행심책인데, 일반적인 양안과 형식이 다름을 알 수 있다. 자호를 앞에 적었지만 지번은 따로 없고, 사람의 이름을 제일 위에 적고 그 아래에 결부수를 기록한 뒤 나머지 다른 정보는 생략했다. 필지 위에 나중에 적은 것으로 보이는 일련번호는 지번은 아닌 것으로 보이

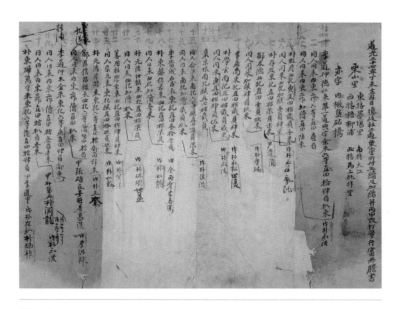

「억기사이도율산리정속행심책」, 서울대학교 규장각한국학연구원 소장

며, 상지를 붙이지 않고 하단에 필요한 내용을 추가로 적어 넣은 것이 특징이다.

세금의 부과와 납부를 위해서는 행심책 작성에서 한 단계의 추가 작업이 더 필요했다. 세금은 토지에 대해 부과하지만, 실제 세금을 납부하는 것은 결국 사람이다. 그런데 한 사람이 경작하고 소유하는 토지가 모두 한곳에 모여 있지 않고 여러 지역에 흩어져 있는 경우가 대부분이다. 따라서 토지가 아니라 사람을 기준으로 새로운 장부를 만들어야 비로소 세금을 부과할 준비가 끝난다. 이렇게 사람을 기준으로 납세 대상 토지를 한데 묶어 작성한 장부를 '깃기(衿記)' 혹은 '깃기책(衿記冊)'이라고 불렀다. 깃기라는 명칭은 사람의 이름 아래 여러 토지들을 나열한 모양이 마치 소매 깃과 같다고 하여 붙여진 이름이다. 깃기는 양안을 토대로 작성하는 것이 아니라 행심책을 기준으로 만들어지는 2차 장부라고 할 수 있다.

　위의 그림은 국립중앙박물관이 소장하고 있는 영지리映池里의 깃기이다. 영지리는 어느 지역 군현에 속하는지를 정확히 알 수 없으나, 이 문서가 작성된 시기인 무신년戊申年은 문서 기재 내용으로 미루어 1908년으로 추정된다. 그림을 보면 "선랑이규

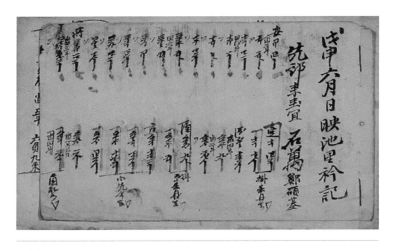

그림 41 「깃기」, 국립중앙박물관 e뮤지엄에서 전재

의先郎李圭宜", "석만정석기石萬鄭碩基"라고 사람의 이름을 먼저 적고, 그 아래에 각자가 세금을 납부해야 할 토지의 목록이 나열되어 있다. 해당 필지마다 세금 부과와 납부에 필수적인 자호와 지번, 결부수 정보만 간략하게 기재하고, 필지마다 붉은 선이나 점을 찍어 무언가 행정적인 조치를 확인하고 있음을 짐작할 수 있다.

국가가 세금을 부과하고 징수하기 위해 양안을 활용했다면, 토지를 소유하는 개인이나 기관들도 자신들의 필요에 따라 양안을 활용했다. 개인이나 여러 기관들도 양안에서 자신들이 필요한 내용을 베껴 별도의 장부를 만들기도 했으며, 경우에 따라서는 관에 요청하여 공식적으로 양안의 일부를 등사한 문서를 발급받기도 했다. 그리고 이렇게 발급받은 문서를 토대로 여러 가지 목적에 따라 다양한 정보를 추가하여 활용했다. 개인이나 기관이 양안을 기초로 하여 자신들이 소유하거나 관련이 있는 토지 장부를 만들어 활용했던 것은 양안이 국가가 보증하고 승인하는 공식적인 토지대장이라는 점이 중요했던 것 같다. 개인이나 기관이 작성하거나 관으로부터 발급받은 일종의 '개인양안'들은 대개 소유권이 변동할 때 이를 증빙하기 위한 목적으로 만들어진 경우가 많다.

사실 별도로 양안을 따로 작성하지 않더라도 민간에서는 이미 토지를 매매하거나 상속하는 경우 앞서 살펴본 대로 양안에 기재된 자호와 지번, 결부수 등을 문서에 기록하여 필지를 특정하는 정보로 활용했다. 이때 원칙적으로 해당 지역 수령에게 거래 사실을 신고하고 승인을 받는 '입안立案'이란 절차가 필요하다. 입안이라는 절차를 통해 거래에 대한 공식적인 증빙이 이루어진다고 간주했던 것은 해당 군현에 보관되어 있는 양안이 토지와 관련한 모든 행위의 최종적인 행정적 근거가 된다는 사실을 전제한 것이라고 할 수 있다. 나아가 양안에서 해당 토지에 대한 정보를 별도로 등사하여 따로 장부를 만들거나, 이를 관으로부터 공증을 받는 작업까지 마무리하면 확고한 증빙이 되는 셈이다.

아래 그림은 규장각한국학연구원에 소장되어 있는 『김해부가락장남벌양노전자호복수성책金海府駕洛帳南伐量蘆田字號卜數成冊』의 일부이다. 1833년(순조 33)에 김해부에서 가락면의 남벌원과 낙수포원에 소재한 노전蘆田 가운데 특정한 필지들만을 대상으로 작성한 양안이다. 전형적인 양안의 양식을 그대로 따르고 있는데, 가장 아래쪽에 사람의 이름을 기재하지 않았다. 이 양안에는 작성의 이유나 발급 주체가 밝혀져 있지 않다. 그러나 다른 문서와 기록을 통해 확인해 보면, 이 양안은 1833년 1월에 순조 때 영의정을 지낸 서용보徐龍輔의 아들인 서대순徐戴淳이 장

道光十三年三月 日金海府駕洛帳南伐員蘆田字號卜數成冊

聖字

第六南犯直蘆田　　南北長二百十尺　東西廣四十尺　貳拾壹卜　　三方蘆田　東浦

加南犯直蘆田　　東西長二百六十五尺　南北廣七十尺　　内拾貳卜陸束　　東北鄉浦南正甲　蘆田西仲玉蘆田

第七西犯直蘆田　　東西長三百五尺　南北廣一百二尺　　参拾柳卜貳束　　三方蘆田　北浦

加西犯方蘆田　　長廣二百五十尺　　壹百拾五卜　　北蘆田四正五束三田

第十南犯直蘆田　　南北長一百九十尺　東西廣一百四十尺　　陸拾陸卜伍束　　東中玉蘆田南澄　二方浦南澄

德字

第一西犯直蘆田　　東西長三百二十尺　南北廣九十五尺　　参拾陸卜　　二方蘆田西澄　北浦

加西犯直蘆田　　東西長六百三十尺　南北廣四百五十尺　　内拾捌卜貳束　今守浦雍熱蘆田

第二西犯直蘆田　　東西長三百一十尺　南北廣二百四尺　　壹結陸拾捌卜　　西浦　三方蘆田　東中玉蘆田

第三西犯直蘆田　　東西長三百二十尺　南北廣一百五尺　　捌拾肆卜　　北浦　三方蘆田

達字

第四東犯直蘆田　　南北長二百三十尺　東西廣一百十尺　　陸拾参卜貳束　　三方浦　北命仁畓田

加東犯柳蘆田　　南北長七百二十尺　北大豆三百二十束　北小豆一百十尺　　内貳結陸拾貳卜貳束

加東蘆田　　　拾玖卜畫東

석원張錫源이라는 인물로부터 해당 토지를 구입한 이후에 자신의 소유권을 확인하기 위해 김해부에 요청하여 발급받은 것이다. 장석원이 원래 가지고 있던 토지 매매 문서에 기재된 토지들 가운데 일부만을 거래하는 과정에서 구매자에게 해당 문서 전체를 넘겨줄 수 없었기 때문에 이와 같이 거래 대상 필지들을 별도로 등사한 양안을 작성하여 증빙을 했던 것으로 보인다. 이러한 이유로 자신이 새로 구입한 토지에 대한 양안을 발급받은 것이기 때문에 굳이 소유주에 대한 정보를 기재할 필요가 없었던 것이다.

양안은 국가가 세금의 부과를 위해 작성한 토지대장이었으며, 실제 토지와 부세 관련 행정에서 기초적인 자료로 활용되었다. 또한 국가가 공식적으로 작성한 장부라는 점에서 민간의 토지 거래를 최종적으로 증빙하는 근거가 되었다. 조선시대 호조와 도, 군현에 1부씩 각각 보관되어 있는 양안은 국가와 민간에서 이루어지는 다양한 성격의 토지와 관련한 활동을 뒷받침하는 원천이었다.

필자가 대학원에서 공부를 시작하던 20년 전까지만 해도 조선시대사 연구에서 양안과 거기에 담긴 조선시대 토지제도와 농업 현실에 대한 이해가 매우 큰 관심을 받았다. 양안에 대한 연구는 조선시대 경제사 연구를 이끌어 온 핵심적인 주제 가운데 첫손가락에 꼽힐 만큼 중요했다. 그러나 이 글을 작성하고 있는 요즘에는 조선시대 연구자들 가운데 양안에 관심을 갖는 사례를 찾기가 오히려 어려워졌다. 양안에 대한 관심이 시들해진 데에는 조선시대사 연구가 다양한 영역과 주제를 향해 확장되어 온 상황도 영향이 있겠지만, 양안에 대한 연구가 연구자와 대중의 관심을 끌 만큼 흥미로운 역사적 분석을 내놓지 못한 탓이 가장 클 것이다. 이러한 상황은 조선시대 양안과 그 안에 담긴 조선시대의 경제적 현실을 근대의 토지대장과 오늘날의 경제적 구조를 기준으로 비교하고 분석하는 데 초점을 맞추는 연구의 관점이 초래한 결과가 아닌가 생각한다.

조선시대의 역사가 근대를 향해 일직선으로 나아가는 중간 과정에 불과한 것이 아니라는 사실과 마찬가지로 조선시대의 양안 역시 근대의 토지대장이라는 종착점에 도달하기 위해 거쳐 가는 전사前史인 것은 아니다. 서로 다른 시기에 작성된 양안들은 모두 작성된 시기의 사회적 변화와 국가의 정책적 관심을 다양한 형태로 반영하고 있다. 때로는 자기 시기의 변화를 미처 담아내지 못하기도 하고, 때로는 사회 현실을 오히려 앞서가거나 혹은 뒤처지기도 하지만 각 시기의 양안들은 나름의 모색과 시도를 통해 현실의 변화에 대응하는 한편 현실을 변화시키기 위해 노력한 결과이기도 하다. 이 책에서는 조선시대 양안의 변천에 대해 설명하는 과정에서 각 시기의 양안들이 경자양안 혹은 광무양안이라는 경로를 지나 근대의 토지대장으로 발전해 가는 중간 단계의 산물이 아니라는 점을 보여 주기 위해 노력했다. 양전 과정에서 규정이 지켜지지 않는 상황을 제도의 문란으로 단정 짓지 않고, 근대의 토지대장을 기준으로 미비점이나 한계를 찾는 방식으로 양안을 분석하면서 발전의 단계에 꿰맞추는 관점에서 벗어나고자 했다.

다른 한편으로 오늘날을 기준으로 조선시대 양안을 평가하는 역사적 관점이 현재를 지나치게 이상화하는 것은 아닌지에 대해서도 고민하고자 했다. 조선시대 양안이 농업 현실을 온전히 반영하지 못한다고 하지만, 직장인들만 유리 지갑이라는 푸념과 세무조사가 징벌적으로 활용되는 현상은 오늘날에도 국가가 세원을 정확하게 파악하지 못하고 있음을 보여 준다. 양안에서 수많은 이름이 어지럽게 활용되는 양상을 이해할 수 없다고 하지만, 금융실명제와 부동산실명제가 확고한 원칙으로 자리 잡은 현재에도 부동산의 명의신탁이 광범위하게 존재하고, 기업활동에서 복수의 법인이 복잡하게 활용되는 일은 매우 흔하다. 조선시대 측량기술이 부정확하고 미비하다고 하지만, 측량기술이 발달하면서 2차원 평면을 전제로 하는 토지 측량이 한계가 있다는 지적이 나온 지 꽤 되었음에도 우리는 여전히 현재의 지적도를 큰 문제 없이 사용하고 있다. 국가 제도나 정책이 반드시 현실을 있는 그대로 정확히 반영하는 데에만 초점을 맞출 때 불필요한 행정력의 낭비를 초래하거나 오히려 현실에 부정적인 영향을 끼칠 수 있음을 우리는 다양한 사례를 통해 보고 있다.

양안이라는 자료가 반드시 토지제도와 농업 현실을 이해하는 데에만 활용되어야 하는 것이 아니라는 점도 보여 주고자 했다. 양안에는 지도에도 등장하지 않는 많은 수의 지명이 등장하며, 공식적인 연대기에서 언급될 리 없는 여러 신분의 수많은 사람의 이름이 방대하게 수록되어 있다. 필지마다 기록된 양전의 방향과 순서에 대한 정보들이나 현실의 토지를 정해진 몇 개의 전형에 맞게 재단하는 방법들은 조선시대 사람들의 지리와 수학에 대한 실무적 이해를 반영한 결과일 것이다. 이미 훌륭한 연구자들이 다양한 각도에서 양안을 새롭게 활용하고 있으나, 역사가들의 가장 큰 장점 가운데 하나가 자료를 원래 만들어진 의도와 취지에 상관없이 다양한 주제와 관심에 맞게 가공하고 활용하는 역량이라는 점을 감안하면, 양안이 더욱 넓은 범위의 연구에서 활용될 가능성은 여전히 열려 있다.

오랜 기간 양안을 조사하고 분석해 온 연구자들의 성과에 기대었으면서도 조잡하고 산만한 결과를 내었다는 생각에 마음이 무겁다. 아무쪼록 이 책의 독자들이 양안에 대한 관심과 흥미를 가지는 데 조금이나마 도움이 되었기를 바란다.

1 규장각한국학연구원에 소장된 『충청남도아산군양안』은 실제로는 모두 30책으로 이루어져 있다. 최종 완성본 11책과 함께 양안을 작성하는 중간 과정에 만들어지는 초본(草本)들이 남아 있기 때문이다.

2 그 외에 표지에 기재되거나 붙어 있는 사항들은 양안이 일제 시기 조선총독부를 거쳐 해방 이후 서울대학교로 이관되는 사이에 도서 관리 차원에서 나중에 기록된 것으로, 조선시대 양안을 작성하는 과정에서 기재된 것이 아니다.

3 결(結)은 우리나라 고유의 토지를 측량하는 단위이다. 1결=100부로 토지를 측량하는 결부법은 전품에 따라 실제 면적이 달라지는 특징이 있다. 결부법에 대해서는 아래에서 상세하게 설명할 예정이다.

4 이 소송의 사례에서는 1634년 갑술양전을 전후한 시기 문서 가운데 자호가 기재되지 않은 경우가 있어 문제가 되었는데, 갑술양전 시기에는 토지 거래문서에 자호를 기재하지 않더라도 큰 지장이 없었으나, 그 후 100여 년이 지나 경자양전을 전후한 시기에 이르러서는 양안 상의 자호와 지번에 대한 인식이 완전히 달라졌음을 잘 보여준다.

5 김소라는 김건태와 함께 광무양안과 일제시기 지적도를 연결시켜 광무양안의 다양한 면모를 분석하는 일련의 연구를 진행했는데, 이 책은 김소라의 연구 성과들을 크게 참조하였다. 아래 그림을 포함하여 다수의 연구 성과를 활용할 수 있도록 허락해준 서울교대 김소라 선생님께 진심으로 감사드린다.

6 고려시대 토지제도에서 공전은 국가 혹은 왕실이 세금을 거두는 토지를 가리키고, 사전은 국가가 아닌 개인이나 기관이 세금을 거두는 토지를 가리킨다.

7 조인규(1237-1308)는 조준의 증조부로서 보통 원간섭기라고 부르는 시기에 몽골어를 익혀 크게 출세하고 나중에는 충선왕의 장인이 되는 인물이다.

8 조선 건국 이후의 변화는 "원리적"인 차원이라는 점에 유의할 필요가 있다. 모든 토지를 빠짐없이 파악한다는 이러한 이념과 원리가 조선 전기부터 온전히 구현되기는

어려웠다.

9 이 사건은 나중에 신창현감 이태선이 박지계를 모함하기 위해 조작한 혐의가 지적되기도 했는데, 남은 기록을 통해 사건의 진상을 정확히 파악하기 어렵다. 다만 양전을 둘러싼 갈등이 감관을 살해하는 데 이를 정도로 첨예해질 수도 있었음을 분명하게 보여 준다.

10 사다리꼴과 삼각형 사례도 제시되어 있으나 여기서는 생략했다.

11 서울대학교 규장각한국학연구원 역사지리정보서비스(http://kyuhgis.snu.ac.kr/).

12 사(社)는 함경도에 존재했던 특수한 행정구역으로 일반적으로 리(里) 혹은 면(面)과 비슷하다고 이해된다.

참고문헌

김건태, 『대한제국의 양전』, 경인문화사, 2018.

김용섭, 『한국근대농업사연구(신정 증보판)』 하, 지식산업사, 2004.

김소라, 『양안의 재해석을 통해 본 조선후기 전세 정책의 특징』, 박사학위
　　　논문, 서울대학교 대학원, 2021.

김홍식 외, 『대한제국기의 토지제도』, 민음사, 1990.

＿＿＿＿＿, 『조선토지조사사업의 연구』, 민음사, 1997.

서울대 규장각한국학연구원, 『궁방양안』, 민속원, 2012a.

＿＿＿＿＿＿＿＿＿＿＿＿, 『둔토양안』, 민속원, 2012b.

＿＿＿＿＿＿＿＿＿＿＿＿, 『일반양안·기타양안』, 민속원, 2012c.

오인택, 『17~18세기 양전사업 연구』, 박사학위논문, 부산대학교 대학원, 1996.

이영훈, 『조선후기사회경제사』, 한길사, 1988.

한국역사연구회 근대사분과 토지대장연구반, 『대한제국의 토지조사사업』,
　　　민음사, 1995.

한국역사연구회 토지대장연구반, 『조선후기 경자양전 연구』, 혜안, 2008.

＿＿＿＿＿＿＿＿＿＿＿＿＿＿, 『대한제국의 토지제도와 근대』, 혜안, 2010.